"不忘初心 缅怀先烈"丛书

陈 新　张采鑫◎主编

先驱铁肩担道义
李大钊

殷允岭 著

花山文艺出版社

河北·石家庄

图书在版编目（CIP）数据

先驱铁肩担道义：李大钊／殷允岭著. —石家庄：花山
文艺出版社，2023.1（2025.1重印）
（"不忘初心 缅怀先烈"丛书／陈新，张采鑫主编）
ISBN 978-7-5511-6035-3

Ⅰ．①先… Ⅱ．①殷… Ⅲ．①传记文学－中国－当代
Ⅳ．①I25

中国版本图书馆CIP数据核字(2022)第012509号

丛 书 名：	"不忘初心 缅怀先烈"丛书
主　　编：	陈　新　张采鑫
书　　名：	**先驱铁肩担道义——李大钊**
	Xianqu Tiejian Dan Daoyi —— Li Dazhao
著　　者：	殷允岭

策　　划：	张采鑫　王玉晓
特约编辑：	王福仓
责任编辑：	申　强
责任校对：	李　鸥
封面设计：	书心瞬意
美术编辑：	王爱芹
出版发行：	花山文艺出版社（邮政编码：050061）
	（河北省石家庄市友谊北大街330号）
销售热线：	0311-88643299/48
印　　刷：	北京一鑫印务有限责任公司
经　　销：	新华书店
开　　本：	700毫米×1000毫米　1/16
印　　张：	7
字　　数：	90千字
版　　次：	2023年1月第1版
	2025年1月第5次印刷
书　　号：	ISBN 978-7-5511-6035-3
定　　价：	39.80元

Contents 目 录

引　子

乙未仲秋日，朗亮的乐亭县天空一碧如洗。六百岁古槐的苍劲枝叶，在大黑坨村的顶空，编织出密绿的华盖。古槐斜对着李大钊故居大门，渤海的潮风吹拂着槐叶，窸窸窣窣诉说着李家大宅的故事。大门边的条石上，李家的族人、亲邻随着风声一齐站立，恭迎一位手执拐杖迈出宅门的老人——村中唯一的当年见过李大钊、已经93岁的李俊之老人的到来。

在这组乡人组成的群雕背后，李大钊的塑像肃立于院中，宽阔的前额下，一双亮星般的眼睛透过山河湖海，望向地平线以外的地方。一阵诗与歌和声，自西天的烧霞处低回而至：铁肩担道义，妙手著文章……

这是李大钊的警世恒言，他的巨手著出的天下文章，改变着那个黑暗的世界：

他领导了五四新文化运动，是中国新文化运动的伟大旗手；

他在中国首先传播马克思列宁主义，是中国最早的马克思主义者；

他最早提出中国要走社会主义道路，为中国昭示了新的发展方向；

他是中国共产主义的先驱，中国共产党的主要创始人之一；

他建立革命统一战线，促成国共首次合作；

他领导北方工农运动，是北方革命运动的伟大领袖；

他首倡党抓武装的军事思想，培养了大批军事人才；

他以伟大的革命思想，为我党培养了一大批青年领袖人物。

他顶天立地，功勋盖世！李大钊，他的名字如雷贯耳，如风常歌！他出生自河北省乐亭县大黑坨村古槐树对面的李家大宅。李俊之老人讲述的追昔往事，娓娓动听。

一、乐亭县

史书载乐亭县，距今已八百余年。这里偏居海角，自古少遭刀兵战乱，乃安居乐业之地。又有"乐安亭"之美名。

有滦河哺育，平原沃野，盛产高粱、小米、玉米、大豆、棉花等。却因滦河水三年两头泛滥成灾，"年谷难望顺成，且地隘人稠，粮食难以自给。贫苦农民只有逃荒要饭，流落关外谋生"。

清末民初，乐亭县已有手工业景象：如造车船、建筑房舍、制作农具家具等。农暇时，"女纺于家，男织于穴"。女子纺织，男子在地穴中制作的筐箩、簸箕、席子、笤帚等日用品，远销国内外。

清代后，乐亭人到东北经商者渐多。据乐亭县志载："邑地近边关，经商者多，出品贸易挟货营运谓之财主，代人持筹谓之伙计，有'乐亭帮'之称。"除占领东北三省市场外，还分布天津、北京和上海等大城市。开店铺，办工厂，到德国、日本留学。李大钊的祖父李如珍亦到东北做过生意。他在不惑之年，在长春万宝山一带开杂货铺。

乐亭商旺钱多，文化教育发达，有"文化县"之称。县志云："乐邑人情急公好义，士守廉隅，民勤操作，而闺门之风谨饬诚有"；"自唐以迄民国，数千年不识刀兵，遵海而傍滦河，七十里惟安耕读"。又云：县民"雅重读写"，"举凡衣食稍足之家，无不令子弟就学，或延名师，或从外傅"。唐、宋以前名人志士不乏，废科举后，乐亭盛办教育，考入大学和国外留学者众多，悠久的文化传统，深厚的民族文化积淀，使乐亭县成为乐亭大鼓、乐亭皮影这两朵中国民间艺术之花的诞生地。

据李俊之介绍，李大钊正是依靠了此般丰富的文化元素，才生成了比之众人、比之众家文人志士更高一层的精神品质，更为多彩的文化品位。

二、大黑坨村

李大钊出生的大黑坨村，位于乐亭县城东南方18公里的二滦河下游，离海8公里。

大黑坨村建村于1404年。乐亭县志记载："成祖永乐二年，江淮迁民亦至，始以土民编社，社一十有八，屯九云。"大黑坨村就是当时所筑九屯之一。李大钊祖坟石碑碑文《大黑坨李氏族谱引》记载："始祖于明永乐二年奉诏移此，卜筑此乡，即卜建此茔。"说明李家是大黑坨村最早外来落户的人家之一。

"坨"就是沙土高丘，河淤风聚均可成坨。大黑坨村附近就有小黑坨、甘坨、羊坨、后坨、翠坨等。有一神奇传说：某日，一夜黑风，山摇地动。次日晨，一座大沙坨墨黑黑生成在村东北角，当地人就管它叫"大黑坨"，村庄从此亦命名"大黑坨村"。后来，大沙坨成了埋葬李大钊家祖的墓地，又叫李家老坟。远远望去，大沙坨好像一只黑老虎卧于村边。年长日久，老虎形象模糊，墨黑大沙坨也渐变成了米黄色，银白色……

大黑坨在清末民初已发展成为乐亭县东部沿海地区的一个大村。东西三里长街，千余人口。谷家、赵家、杨家、李家是大黑坨村四大家族。

大黑坨村乃人间美景：东南是蓝蓝大海，北方是高高碣石山，近处是白色大沙坨，闪烁着耀眼光芒。这似乎正是中国革命前景的征象：一个黑暗的旧世界，一座黑黑的妖山，而今，已变成蓝天碧海银白世界。

三、李大钊故居

李大钊故居坐落于大黑坨村东部路北，南北长55.5米，东西宽18.2米，建筑面积1010.1平方米。建造者是李大钊的祖父李如珍。李如珍有二弟李如珠，三弟李如璧。他知书达理，早年曾中过秀才（从九品的官职），因无子嗣，过继侄子李任荣（李如珠次子）即李大钊的父亲为子。李如珍生活的时代，乐亭县水患不断，聪明的乐亭人纷纷奔赴东北等地经商，李如珍在长春万宝山一带经营杂货铺，积蓄后返回故里，购买土地，于1881年修建了这座宅第。54岁时，他倾注了全部心血：用他走南闯北积累的经验、知识、智慧，融合东北、北京四合院的建筑特点，兼顾本地的环境、地理位置、生活习俗等，对房屋进行了总体设计。

故居与大黑坨村的主街道相邻，通道宽阔，南面是宽敞的场院，西南面是村中张榜发布公文的主要地方——老母庙，故坐北朝南，视野开阔，夏季通风，冬季采光，出入便利、环境良好。

建筑为砖木结构，丈高十字花墙，21间灰顶平房毗连呈长方院落，由前、中、后三院组成穿堂套院，大门、二门、后门错落有致；三院一体，层次分明。属于李大钊领地的后院：一道花墙，把整座宅院分为东西两部，远离喧嚣嘈杂，一派清静，是修身养性、读书学习的最佳所在。两间小厢房是李大钊读书学习的地方，似乎命定了一种格局——这所被称为"鸳鸯式"的宅院，将会诞生一个轰动世界、拯救中华的伟人。

四、大钊家世

在大黑坨村的李家祖茔中，竖立着一通"族谱碑"，此碑经磨历劫，辗转于祸福之间，有幸留下了大部分文字，为考察李大钊家世，起到了望树寻根的作用。

在碑的正面额部左右，对称镌刻"千古""不朽"四字，颈部为"始祖"二字，下即为竖行阴刻的题为《大黑坨李氏族谱引》碑文：

"……始祖以明永乐二年奉诏移此，卜筑此乡，即卜建此茔。彼时以草昧初开……赖有祭扫食馂合集一族、未失行辈。乃又嘉庆十六年岁甚凶荒，坟树……涣散，如使永为涣散，合集无时，将虽系一族，虽属同祖，亦不知谁之为……诸祖之灵。赖有族弟为模者，以青年而笃宗谊，顾兹荒冢实觉神伤，乃……植后以稍条之资，再兴茔祭，年新日盛，又以其余添置祭田。今树已……老……钱，又创益看茔房屋三间。又栽植果品诸树，此树若好，后人之利……"

碑残文断，但能看出，李家祖先于明永乐二年迁此，至今有六百多年历史。据李家老辈人递传，乃山东迁徙而来，公元1863年农历四月立得此碑。

碑的背面刻有李家三代世系族谱，以李大钊的曾祖，排"为"字始，依次排有李大钊祖父辈"如"字，李大钊父辈"任"字，近百人名，可见李氏已成大黑坨村旺族。

李家的祖先有文字可考的从李文翠开始立祖。李文翠是李为模的父亲。李为模兄弟三人，两个哥哥：李为梁、李为枢，都是农民。李为模字广训，生于清嘉庆六年（1801），卒于同治十一年（1872），享年71岁。

李为模生三子，即李如珍、李如珠、李如璧。李如珍生于清道光七年（1827），卒于光绪三十三年（1907），享年80岁。李如珍无子，只生二女，过继二弟李如珠的次子李任荣为子。李任荣是李大钊的生身父亲，字华亭，生于清同治六年（1867），卒于清光绪十五年（1889）三月。李任荣自幼奋发读书，知文达理，字写得好，李如珍非常喜爱，过继为子后希望把他培养成学业有成的读书人。可惜李任荣身体虚弱，没等考取功名就离开了人世。李如珍为乡民造福，有石碑一通为证，《华严寺前置买香火地基碑文》镌铭——"督办人从九品李如珍。昌黎县增广生赵辉斗撰文。童生李任荣书丹"，正是这块石碑，记载了李如珍的乡中声名，也留下李任荣的俊逸书法。这位病弱书生，却握笔如虎、走笔如龙。

李大钊的母亲周氏，乐亭县西走马浮村人，她19岁过门与李任荣结婚。由于丈夫离世，悲伤过度而忧虑成疾，于光绪十七年（1891）在李大钊不满两岁时也离开人世，终年25岁。

五、"百灵"与"憨头"的驳诘

北方农村有"幼小丧父难立柱"和"幼小丧母命里苦"的预言。1889年10月29日出生的李大钊，一落地便成"遗腹子"。哀怜无助的母亲，也在生下李大钊16个月后，于贫病交加中撒手人寰，撒下了孱弱豆芽般的孤苦儿郎。

1889年10月29日晨，寒风吹拂着乐亭大地，初霜新冰的冬日，渤海的上空却映现出灼灼霞光。这不常见的吉祥之光照耀着平原上的棉地——北方的棉花成絮很晚，一茬茬棉桃儿开裂、吐絮、采摘，要延至冬月。正因如此，那灼灼霞光映照着的棉株，不单有黄的枝，青的桃，白的絮，还有着干绿未掉的叶儿，可织成紫花布的晚成紫花。这一切都组成着北方农村的美丽的光景。

一位身着棉袍，头戴瓜皮帽，留着浓密八字胡的肥胖老头踏破阡陌霜露，焦急而兴奋地穿梭于棉地，长袍的大襟，擦碰着黄的枝、青的桃和红的絮。这就是李大钊的爷爷——李任荣过继的父亲李如珍，他渴望着他的孙子大钊的诞生，天上的霞光，棉地的多彩，都在他眼中焕出祥瑞之光。

在这样的时刻里，他的上空飞来一只鸟儿，像从太阳里、霞朵中飞出，像霞光的红色，又似棉桃的青绿，它清脆地"喳"地一叫，落在李如珍眼前的棉株上。"百灵鸟！"李如珍心里欢呼一声，立即联想到将诞的孙儿，口中便有了祈祷。那披着霞光的百灵鸟慢慢地跳动着，分明在向他靠近。他半闭了眼睛，直到它栖向胸前的红絮才伸出双手，心跳中捧住了它。它柔顺地偎在了掌心，不飞不逃，正是小鸟依人的娇相。

李如珍连同看鸟的乡亲在此时听到了喜讯：孙儿大钊诞生了！人们又有百口百舌的议论：这娃儿占天象，占"百灵"之气，取名应叫"百灵""灵头"。李如珍说："人不要太灵，憨厚传家。况且，'灵'字惯与魂灵、精灵组词。这伸手可擒的鸟儿，倒是有十分的憨厚，就叫个'憨头'吧！皮实，好养！"

这是一个生性乖巧的娃儿，两只大眼瞪着房梁，瞪着母亲，一眨不眨，似有所思，似乎呆气，却又对门外的一声鸟叫、一声鸡啼都兴奋异常，双眼乱转，寻寻觅觅。因他父亲早死，母亲双颊高耸，黄瘦虚弱，骨瘦如柴。她看着可怜的儿子，一忽儿喜不自禁，一忽儿苦泪暗流。她似乎知道自己寿命不长，为儿子缝补成形的小衣小裤，一件套一件，件件长大些。在她生下憨头16个月的那个阴雨连绵的日子里，她双手搂着儿子，流下了最后的两滴苦泪死去。

不幸的小憨头啊，从此，失去了母亲温馨的爱抚，再也找不见妈妈那熟悉而安详的身影。他揪心地哭着，那稚嫩的啼哭声，像百灵鸟的啼叫，像利箭扎在爷爷心上。天变了，变得黯然失色。他眼含热泪，抱着嗷嗷待哺的小孙孙。

他要吃奶呀！平日里自尊自持的李如珍老人，不得不抱起可怜的小孙子，出东家入西家，沿街讨要奶水。尽管善心施奶的乳母们百般热心，可生性固执的小憨头却谁的奶头都不肯含上一口。饿极时，反倒噙着爷爷肥胖的奶头下劲吮吸，吸得他心疼。

正在无计可施之时，如珍的女儿老捡姑姑抱着自己的小女儿来看娘家。老爷爷大喜过望地说："这个小憨头真有福，来，快来让你姑姑喂两口试试！"

对小憨头从未撩过眼皮的老捡姑姑，接过小憨头。说来也怪，小憨头含着姑姑的乳头，立刻香甜地吮吸起来。听着憨头细微的吞咽声，老爷爷如释重负，笑呵呵地对女儿说："捡儿啊，爹跟你商量商量，从今儿你别回去了，在咱家住下喂憨头吧！爹亏不了你，爹立刻给外孙女雇人喂奶，孩子大人的一切花销，都包在爹身上啦！"

没等爹把话说完，女儿便说："想得倒好，你们孩子娇，我们孩子也娇，我们孩子也不吃别人的奶！"

"你，能见死不救？小憨头是咱李家的骨血呀，难道你看着咱李家香烟断了吗？"

老捡姑姑翻一下眼皮说："不就是怕到时候没人给你打幡吗？没儿子，闺女一样打，谁都能把你送到那个地方去！"

一旁的老奶奶接话茬儿说："是嘛，没儿子，闺女也一样，赶明儿咱死了，就叫捡儿女婿给打幡！"

老爷爷火冒三丈地说："痴心妄想！我早知你们惦记我了，打开天窗说亮话，想变着法地吞掉我这点儿家业，除非日头从西边出！"

众人见老人动了肝火，忙上前解劝："红了绿了也是亲爷俩，俗话说'婿当半子劳'嘛……"

如珍老人气咻咻地说："我告诉你，我死后，这幡让谁打也不能让你那个不上相的女婿打！你这就给我走，从今往后，我没你这个闺女，你也没有我这个爹！"

事情发生以后，爷爷非常不放心奶奶和姑姑，无论喂水喂奶，都是亲自动手，他甚至怕这些异心人加害孙儿，儿子是过继来的，孙子更远了一层，在一般没文化的农妇心中，没有骨血至亲的娃儿养身养不了心。

有文化、有功名的老爷子变得比老嬷嬷还要柔细，他抱着孙子，背着孙子，让孙子骑上自己的脖子，给两岁的小乖乖讲故事，讲心事。那娃儿却出神地谛听，入神地思考，冷不丁接一句话儿，蹊跷得令他头皮发麻，双目圆睁。

他细心地观察、猜测着这个百灵鸟幻化的小精灵：发现他的脸上放出毫光，眼神里出现过奇光，言语里吐出过的不成句的东西，似乎有着难解的奥秘。

他从村里端来最嫩的豆腐脑儿喂他，教他一首儿歌：

　　咕噜噜，咕噜噜，小小石磨磨豆腐。
　　价钱小，营养足，吃肉不如吃豆腐。

为了让孙子吃得好，老人是肉鱼也舍得买来。如吃水果，还要烧熟，防拉肚子；如吃鸡蛋呢？要炖成膏膏；豆类谷类的稀粥，要用纱布滤过。在爷爷的心目中，憨头孙子是一只百灵鸟，一位灵头才子，一位可求功名的精英后代。他穿着小表姑给他缝制的绣花"嘎啦"像鸟儿飞舞院中，孙儿吃爷爷的胖奶，已成祖孙亲昵的享受。大黑坨传说"憨头是吃爷爷奶长大"的妙语，是他爷儿俩相依为命、相濡以沫的真实写照。

六、神童塾学

在对"憨头"的教育上，李如珍殚精竭虑，他像栽植一棵天宫的桃树一样，细究着水土风光的妙境。

在古槐斜对的北大门里，设有谷宗海先生的私塾。塾师是远近闻名的单子鳌先生。先生能文善书，唐诗三百首，倒背如流，"千字文""千家诗"等，更是开口能诵，还常唱出一段段的书歌，押韵合辙，声清气朗。单先生初教的李大钊，名曰"耆年"，这是爷爷对孙儿的愿望，一如取名"憨头"而不做"灵头"，不求杰出而求长命的愿望。

但是，慧眼识珠的单先生立刻发现，他的学生熟记诗书，善解人意，聪明机灵；所学知识，不解自明，且举一反三。如此两年之后，只得拱手辞教，告诉李如珍道："先生宽恕，您家孙儿才气太盛，愚弟教不了了，您另请高明吧！"

李如珍吓了一跳，以为孙子惹了是非，细究之时，发现所言是真。这憨头在私塾的所学，不单吸干了单先生肚里的墨水，还能无师自通地善解文辞，诠释诗意。更吓人的是，在村中老母庙石碑旁，还与卖西瓜的一个壮汉打赌，全文读出告示，赢了一个白皮沙瓤的西瓜。老少爷们大饱口福后，皆叹大黑坨李如珍的孙子是神童，振作了爷爷的豪气，逢人便夸孙子。村里有人发难，待碑上又贴了告示，又叫憨头来念。没想憨头默读一遍，转面背诵，抑扬顿挫，字正腔圆，惊得众人瞠目结舌。那爷爷搂紧了孙子，竟掉下了眼泪，以为后世出了神童，是祖上积德。

小小的"憨头"只得转学，另就高塾。新的塾师真真了得——乃是具有清廷科第的"增广生员"学位的赵辉斗先生。如说单子鳌在乐亭是乡中才子，这赵辉斗则是学界名士。这先生听说有一位3岁识字，5岁解诗，6岁诵三字经、百家姓、千字文、民规乡约的神童，便像伯乐见到金驹一般，惺惺相惜。那教学的方式，变成了师徒俩的交心、游艺，充满惊喜与自豪。才华横溢的师徒，渐从古板的诗书礼学中逸出，看山水，看民居，读花言鸟语，赏灯笼风筝，也读各家庭院的楹联，赏中堂书法。

文化传统优秀繁荣的乐亭，孕育了丰富的山水湖海文化，民间的文化艺术分为"南派"和"北派"，民间文学、戏剧、皮影、大鼓、狮子舞、秧歌、旱船、高跷、龙灯、跑驴、焰花等艺术门类，不一而足。那耆年也随着先生徜徉其中，如鱼得水，并尝试书画和刻制皮影。聪颖好学的耆年也显示出性格刚硬的一面：同塾的学伴有一杨家少儿，不遵师训，上树捉鸟，耆年好心劝他下树，他却挺起鸡儿尿了耆年一头。耆年找爷爷告状，却见杨家人早找了塾师告状，说的是另一番理由——李耆年命硬，学运旺盛，小儿与之同学便会"受欺"。这不说正理的官司当然难断。而恰在此时，开办塾学的张家少儿、李耆年的学伴张春回暴病而死，于是村中学间便有人支持杨家悖论——耆年出生前后克死父母，幼年克死学伴，命相太硬。

是年，爱才的赵辉斗仍陪耆年参加县试，却因耆年不小心墨污了试卷而落榜。万般无奈的赵辉斗找到李如珍，提出在学业上教不了耆年，已向塾家提出辞呈。李如珍万分惋惜，但无言以对。爱才若渴的赵先生向李如珍进言：乐亭还有一位名师，大名黄玉堂，现在城北的井坨宋举人家塾就教，井坨遥远，不会知悉耆年身世。李如珍长叹道：我与宋举人无亲无故，人家怎会收一平民小儿就读？赵辉斗取出一封写与黄玉堂的手札道：拜托黄先生，也许可成！

七、少年壮志

台风的中心是平静的，耆年的天性恰如落向棉枝的百灵，遇人捉弄亦不惊乍，他的天分和善良已在乡间邻里闪闪发光，掩遮不住。

一小伴提一精美鸟笼，笼中雀儿啼唱不停。耆年见小鸟眼光哀怜，听懂了它的唱词，全是悲愤的哭音：

> 小小儿郎，小小弟兄，
> 白云悠悠，海阔天空，
> 你为何将我姐弟俩儿，关在笼中？

耆年的怜弱之感陡然勃发，他打开了笼门，举向天空，眼看两只雀儿惊喜地叫着，飞过绿树，奔向云朵。这又是一场"放鸟"与"赔钱"的官司，在众人的评判中，有人批他不该放走别人的鸟儿，有人说他怜弱悯人，鸟虫比君子。亦有人说鸟是他同类，他是百灵转世！无言无语却甘愿赔偿的李如珍老人，愈发觉得孙儿不同凡响。

那年春节，李家的宅前，来了一位锦衣华服、头戴六品顶戴花翎的官人，是李如珍的远方表侄王庆云，稀罕上门的贵客。李如珍老人当然又把珍贵孙儿捧到人前。那贵客恰是官场俊才，想对个联儿，戏耍小表侄，他捻须诵曰："春风猛似虎！"小耆年心平气静，稍加思索，朗声答对："秋水静如狳。"

官人目光一闪，问："此典可有出处？"

耆年答："典意来自'四书'。狳者，温良之兽也，对暴性之虎……可否？"官人立起，愕然赞曰："侄儿天才，前途无量！"

是天才，便有志向，耆年年少，却有了忧国忧民的报国之志。一日，单子鳌老师问爱生正读何书。耆年答，读岳飞所著《岳武穆集》。师生言及岳飞爱国之志，老师昂首吟诵《满江红》："怒发冲冠，凭栏处，潇潇雨歇。抬望眼，仰天长啸，壮怀激烈……"

小小耆年被诗情豪气激动得流下眼泪，爷爷闻知，亦流泪讲岳飞故事、秦桧权奸，杀害岳飞。小耆年立下了学做岳飞、精忠报国的誓言。

面对着一日日成长、少年壮志的孙儿，有心的爷爷便安排他多听有识之士谈论，多读名篇锦言；多讲百朝千代故事，多经人多事大的场面。

一日，世交之友、殿试二甲擢升翰林院庶吉士的葛毓芝来访，单子鳌等名士皆来相陪，如珍安排孙儿晋见，几番诵诗填词，大得名士的青睐。茶饭之间，耆年听名士愤议《马关条约》，竟出口诘问："朝廷为何惧怕洋人？中国地大人多，为何打不过洋人？"

葛毓芝闻罢一惊，叹中国合该不灭，连乡间也有这忧国神童，遂诗兴大发，讲在福建稽查，追缴八千两赃银，讲《马关条约》，赔洋人二万万两白银！此时的耆年怒目圆睁，突然呼喊："毓芝伯伯，中国还有希望吗？我该怎么做？"

惊异平定的爱国名士拿出了一本英国人斯密德的《富国策》，希望耆年心壮志强，好生学习，救国救民。

此后，耆年对毓芝伯伯的关心骤增：得知他是1895年康有为在京城之内，联合各省应试举人1300余人签名上书（公车上书），提议拒签丧权辱国条约、迁都抗战、变法图强三项主张的参与者之一，便灯前树下，研读起了《富国策》，悟得只有秉持"即知即行，勇猛精进"之精神，才能"坐致富强""国富民强"！

打开心智的少年，看山不再是山，看水不再是水。从此之后，小小耆年像一只百灵鸟儿一样，思想翻飞于绿树云间。又像一只憨憨鸟儿一样，仰望着天空，长久思索，木然不动，一心要解开天下人间的一个个疑题。

八、宋馆之谊

耆年的母舅与黄玉堂先生沾一丝偏亲，便带着耆年携礼投奔。乙亥初春，杨柳返青，正是吉祥兆头。那家主人宋敬仁面露浅笑，对举荐人黄先生道："这神童胸藏锦绣，对同学有益。但能否写篇短文，我等一睹风采？"

黄先生一时尴尬，而耆年舅舅笑口便允。耆年挥笔急写，正是冬日爷爷教写的雪景："北风翻卷，雪舞昌黎（山），梨花满树，云铺原野……"

宋敬仁惊叹道："书法工整，营构敏捷。状物生动，才思如泉啊！"于是留耆年与儿子宋仲彬（名毓璘）同进午餐，从此两小结伴学习，成为一世至交。

按照李耆年的修业程度，黄老师将他分在宋毓璘那个班级，依然是四书五经为主，讲授更加精要。为适应戊戌改试"策论""经义"的新政，据自己进学经验，指《文心雕龙》这部文学理论专著，要求在吃透经义的基础上，提出自己的论点，写作佳章。

在学生的道德培养上，注重孝义，黄老师常拿古书上的典例和家乡的孝子做榜样，鞭策学生。他还特意给学生放几天春假、秋假，帮干农活，理解农苦。李耆年回乡后，跟爷爷到田野劳作，学习赶车、送粪、播种、收割、装车，从而理解"粒粒皆辛苦"的道理。

授课之余，黄老师给学生讲历史人物、民族英雄。耆年佩服窦尔敦的英雄气概，赞同洪秀全耕者有其田、居者有其屋、人人平等的主张，便问黄先生："既然李自成、洪秀全他们都为了百姓，为啥朝廷还派曾国藩镇压太平天国？"黄先生叹息说："违俗招祸。"尽管不能有更深的解释，但小小的耆年似乎懂了：改革是要流血的。

在黄老师的带领下，耆年和同窗一起参加癸卯县试，顺利通过，又到永平府"督学院行署"参加府试。清政府于1905年9月2日，颁布上谕："自丙午科为始，所有乡会试一律停止，各省岁、科考试，亦即停止。"著年虽"府试中"，却没有如往届考生那样取得举人的功名，只能入永平府中学读书，这是后话。

九、兄弟情深

在宋家学馆，同学之中，著年的年龄最小；因穿着寒酸，又是外地人，常遭富家子弟欺负。著年总是克制谦让，精力放于学习。宋毓璘为他打抱不平，问他为何忍让，著年答说："我在这里读书，吃着喝着宋家，哪能因吃一点儿亏，再给宋家惹事呢？"宋家人从心里佩服著年的识理明义。宋毓璘与著年的感情更近了，夜深人静之时，互相递了帖子：义结金兰。宋毓璘长著年5岁，是哥哥，从此他们互相称呼二哥、寿昌（李大钊初学名著年，字寿昌，号龟年），在《李大钊全集》第五卷刊《致二哥》信一封，据山东李继华先生考证，是写给宋毓璘，可见二人关系之私密：

二哥大人鉴：

示悉。此事弟全然不知。彼等狼狈为奸，甚为可恨，惟不知彼等将欲假弟之名作何举动。兄可随时侦察一切，如与弟相干，乞即告知，以便预防，免受其累，是为至祷。匆此，即请

近安！

弟钊顿首

因此信没有日期，尚不知信中所指何事，但是从语言措辞，可以看出兄弟二人的感情密深，亦看出学年之遇，已有艰险。

在"二哥"的影响下，宋家毓琨、毓璋、毓琪、毓琥等也都与著年弟兄相称，同吃同住同学。

弟兄们一起娱乐，刻皮影人、演皮影是他们常玩的游戏。刻什么玩意儿，谁写影卷、谁刻影人、谁染色，谁练主唱，谁耍影人，互相商量，给枯燥的学习增添了文化乐趣。他们编制了窦尔敦《盗御马》的影卷并自演。刻影人的材料是驴皮，可驴皮太贵，就用牛皮纸代替，一张张刻下，漆上颜色，效果很好。这些影人被宋家保留下来很多，有"三国""水浒"人物等，收藏在大宅院的书箱里，成为宋家后代的珍藏。经岁月沧桑，还留下有心人收藏的耆年等人刻影人用的小刻刀、染色用小碗、涮笔的瓷墨池等，记录着当时的艺趣。还有一剧更加珍贵，乃是耆年撰卷、刻影的《安重根刺杀伊藤博文》，戏中对英雄的浩然正气、日本军阀的贪婪凶残表演得活灵活现，李大钊长子李葆华尚记得剧情。

1905年，李耆年与宋毓璘、宋毓琨、宋毓璋等人到永平府中学读书。两年后，学有所得的年轻人个个走上新的人生道路，宋毓璘投笔习武，考入保定讲武堂，和李耆年分别。李耆年和宋毓琨、宋毓璋等弟兄相伴到天津求学，再后来，李耆年与宋毓璋到日本留学，两人始终相伴。

十、早 婚

在李大钊故居的对面，有一处"公家"的地方。李大钊之妻赵纫兰的一个侄孙赵书敏，搀扶着93岁的李俊之老人在办公桌前坐定，你一句我一句地对我谈起李大钊和他的妻子赵纫兰的故事。我庆幸能在这伟人诞生的地方，得遇这位亲见过李大钊而唯一健在的人；更庆幸这高大帅气的赵纫兰的侄孙，竟然熟知他家姑奶奶的往年逸事，且言来情深。

11岁的李耆年要成亲了，这在昔日北方的农村，并不算早婚。为了家族的兴旺，男儿婚配大五六岁、可以生育的女子，早生后代，是体面家族的体面事体。

1899年，11岁的李耆年风华正茂，方脸大眼，高高的额头放着光芒，高挺的鼻梁和常常紧闭的嘴，显示着精神的昂扬。这一年他正随赵辉斗在小黑坨张家专馆读书。在祖父主持下，与本村赵文隆的三女儿赵纫兰结婚。

赵纫兰，1884年1月21日生于大黑坨村一富户人家，比李大钊大五年零九个月。"纫兰"一名，出自屈原《离骚》中的名句："纫秋兰以为佩。"在姐妹中行三，上有一兄两姐。父赵文隆多年在东北行商，大黑坨村有三户人家立有堂号，赵家所立堂号为"福臻堂"。赵文隆决定把她许配到李家，与李大钊结为夫妻时，尚不足16周岁。

据李大钊之子李葆华回忆："我姥姥家也在大黑坨。母亲赵纫兰炕上炕下的活计都拿得起，人很温顺，识些字，能看书，如读《红楼梦》。赵、李两家是世交，在村里也门当户对。太祖父依照当时早婚的习俗，在我父亲11岁时，让他与大6岁的母亲赵纫兰结了婚。"

李大钊岳父赵文隆家在村东，距李家百米。宅院坐北朝南，计有正房、厢房等大小房屋二十多间，一百亩地，系大黑坨村较富人家之一。赵文隆自幼攻读诗书，习得一笔好字，中年学业有成。据后人忆："当年家有'顶戴花翎'和绣袍等物，官居何品已无法考证。太爷性情温和，不愿做官。"赵文隆一生喜欢读书，故将四个女儿都许配给本县有知名人。赵纫兰是李大钊姑奶奶的三孙女，是"老亲"，赵家称李大钊"三姑爷"。

赵纫兰的侄孙赵书敏笑笑地望着笔者，把他从爷爷、奶奶或表爷爷那里听来的故事讲给我：他的老姑奶奶是一位安静、大方而贤惠的女子。16岁的年纪，却有着超乎凡人的成熟与冷静。她像疼爱小弟弟一样关爱他的小丈夫，夫妻俩举案齐眉，相敬如宾。丈夫门外走，带着媳妇两只手——耆年的每件衣裤都是干净平整，合体而合时。在这个不平凡的女子眼中，她小小的丈夫是那样的不平凡，他的言语举止，他的斯文礼貌，他的交友为人，都是君子派势。他们讲皮影戏的剧情，唱皮影戏的唱词，对答民间绕口令、歇后语，宵间的一盏油灯，演绎了二人世界的精彩。

一首夫妻对唱的民歌，十分传神：

> 二八佳人银灯点，
> 学生灯下做诗篇。
> 学生说：你一盏灯儿遮一面，
> 佳人说：一盏灯儿你占半边。
> 学生说：我写诗书国家用，
> 佳人说：我做针线为家穿。
> 学生说：国家小家哪边重？
> 佳人说：有国有家月才圆。
> 佳人学生开口笑，衣成形来诗成篇……

这样的日月不多，然而蜜甜。

1901年9月7日，《辛丑条约》在北京签订，北京至山海关铁路沿线的12个战略要地，被允许英、法、俄、美、日等11个帝国主义国家的军队长期驻防，其中包括永平府地区的唐山、滦州、昌黎、北戴河、秦皇岛、山海关等地。9月17日，各国联军退出北京。李如珍到乐亭县城参加传达《辛丑条约》签订情况的会议回来，对着乡亲哀号："完了，外国人让中国人赔款四万万五千万两白银。这些银子堆起，像昌黎山一样高呀！"耆年悲愤之中，不食不眠，贤妻赵纫兰劝慰安抚，小小夫妻，已知忧国忧民。

十一、年轻骨重

大凡英雄豪杰，少壮必露豪气，或担责，或斗鬼，或抑邪魔。

光绪二十九年（1903）四月，正是永平府科试之年，五考生结伴而行，三篇文章做过，主考官唤他面考，他面无惧色，侃侃而论，上问下答，滴水不漏。在主考官的经历中，问答流利并不鲜见，小小学生在官前不慌不忙，如入无人之境便惹人生气。当鸡蛋里挑骨头的考官终于发现耆年卷上一豆大墨迹时，便横笔写下"墨迹染卷，衣冠不整，不予录取"的批文，斩断了如日东升的耆年的学运。

李如珍没有责怪孙子，孙子也无半点儿沮丧。这有志的祖孙二人，已对青天立下长志。光绪三十一年（1905）春，耆年赴永平府参加科考。中榜之日，大黑坨村鞭炮齐鸣，锣鼓唢呐喧天，李家宅前人群雀跃，祝贺耆年中了秀才。一场花费浩大的喜庆之后，学费已成难题。仁人宋敬仁、黄玉堂找来耆年，要带他去找一位乐善好施的巨富朋友求助学资。耆年心中一震，马上记起了那乡绅假善人形象，因而回禀："多谢二位大人，我家虽财力维艰，但有岳父至亲相助，入学有筹。"

祖父、岳父听得此言，胸生豪情，觉得这年纪轻轻的耆年，骨头已有斤两！这年秋日，耆年已入永平中学。家有事急，他连夜步行回家。刚过昌黎，一声雷鸣，天地墨黑。至滦河边，见激流滚滚，不敢贸然涉水，突然有卵石绊跤，他立刻生悟，拾几颗卵石叮咚投水，辨听深浅，蹚水过河，半湿了身子爬上对岸，突见一片荒冢里，站立着一个似人似鬼的黑影。他多回听说荒冢有鬼的故事，但绝不相信，今日亲见，便振起虎胆，厉声喝问："是谁？"

"鬼"不做声，还伸头审视着他，耆年一跃而起，举起雨伞猛击过去，只听"啪"的一响，鬼却不动，双手去捉，才发现乃一石人。耆年想："那无数鬼故事，不过是石人演绎而成，人不要怕鬼，更不怕假鬼。"

人经得多，才见得广。一年夏季，耆年又涉滦河，过一村时，想买顿水饭。天已半夜，店家熄火掩门，好一个黑暗世界。突然之间，见几个形态飘忽的白鬼，现在眼前，仔细看时，见一个个头戴孝帽、身披孝袍的吊死鬼模样的恶鬼撩袍舞袖，蹦蹦跳跳，随风而遁。耆年想：莫不是真有鬼？如有，也应怕正气君子。他猛扑上去，抱住一鬼，高声呼叫："快来捉鬼！"

闻听一叫，家家都开了门。原来近日一妇吊死，夜间却出现一群吊死鬼魂，掳走牛羊骡马。人们想保家财，又怕鬼魂，夜不能寐。如今有人一呼，皆壮了胆子，一齐冲出，逮了那几个乔装成鬼魂的贼子。

耆年悟道："众人皆有捉贼灭害之心，只惜无人登高一呼！"看来，他必得扮演此般角色了。

十二、天倾一角

1905年9月2日，清政府下诏废除科举，自1906年始，所有乡、会试及各省岁、科试一律停止。童试中成绩佼佼者，改招为中学堂学员。

永平府中学堂的前身是创建于清乾隆十二年（1747）的永平府敬胜书院，1905年废止科举后，又改建为永平府中学堂。李耆年入学时，才真正变成一所中学教育的新式学校。

新学堂是一个崭新的世界，他感受到一种义烈味十足的清风。中学像大多数新改办的学堂，教授包括经学、文学、史学和"通考"之类的"政治学"；另一类是西学：包括英文、数学、外国地理和历史、格致学、外国近代政治学和体操等。入校后的耆年给人的印象是生性坚毅，聪爽绝伦；拙朴勤奋，遇疑难必弄懂才罢休，每次考试各科成绩都名列前茅。

18岁的耆年高挑雄健，白皙斯文，高高的前额，明亮的双目，坐如钟，立如松，一位渐进西学的东方才子浩然英杰的形象耀然于校园。这是一只展翅的大鹏，飞上高山之巅的林海，他的眼睛开始望向黑沉沉的地平线。

清光绪三十二年（1906）初秋，一件噩讯传来：爷爷危在旦夕。又是墨黑的夜路，秋雨中的泥泞，泛着浪花的滦河水。荒野路上到处都是亲爱爷爷的影子。给了他第二次生命，从根底培育出这棵青松的爷爷，他一定要见到他！

村外有人迎到街口，言爷爷昏迷几日，绝了饭水，呓语只念孙子。耆年伏到爷爷脸上，惊天动地叫了一声："爷爷！孙儿回来了！"

奇迹发生了，爷爷睁开了双眼，慢慢地看定了孙子，口唇翕动。众人惊喜说："您看，您盼着、等着的孙子来了，有话给他说吧……"爷爷的眼睛明亮了，用尽力气地看着孙子，一只手哆嗦起来。耆年紧紧抓住那冰凉的手。正是这只柔软温润的手给了爷爷力气，李如珍竟能说出话来："孙子……爷爷要走了。气是清风，肉是泥……不要厚葬，以身亲土为好……省下钱来念书，为祖上争光……"

爷爷死了，但是，爷爷"气是清风……肉是泥"的话语牢记在他的心中。瞿秋白写出过同样意味的诗句："人如果有灵魂的话，何必要这个躯壳？人如果没有灵魂的话，这个躯壳又有什么用处？"

这是后来的话，后来的故事。青天倾塌了一角，为他撑起一片天空的爷爷化为清风走了。这是一个早来的秋天，瑟瑟寒风吹透人心。与耆年相濡以沫的，只有凄苦的纫兰了。从此，这位瘦弱而坚强的女人，不单要负担起家庭柴米，还到处典当挪借，筹集耆年的学资，还要抵挡老捡姑妈的倒算。

十三、永平、卫平

建于乐亭县城的李大钊纪念馆，植有油绿的青松青竹，映入眼帘的八根气势宏大的功勋柱，象征着李大钊经天纬地的壮志。

在大厅的展栏内，一张《永平府中学堂官师学生合影》，不到50人。这些同学来自7个州、县，多为府试中过关的童生。

在永平的两年学习里，他刻苦读书，成绩优良，在接触康有为、梁启超的维新思想的同时，学习西方政治、文化知识，成为他走上寻求民族解放国民革命道路的重要启蒙。

同学韩湘亭对他回忆："最喜康、梁文字，手把一编，日无暇息；时清末学禁方严，与同学蒋凤鸣等主张国民革命。"

挚友蒋卫平像兄长一样呵护着李大钊。李大钊一生都在真诚地感念这位兄长。发表在《言治》月刊上的《岁晚寄友》《题蒋卫平遗像》《哭蒋卫平》等诗篇，都是他对蒋卫平的怀念心音。

蒋卫平，靠近滦州的卢龙县蒋家庄人，名文庆，又名凤鸣，比李大钊长6岁。蒋比李大钊的思想成熟早，"甲午之战"后，较早受戊戌变法思想影响，极羡慕在戊戌变法失败后英勇就义的谭嗣同，暗号"慕谭"。"庚子事变"之后，他的思想更加激进，开始准备为救国救民献身。1905年春天，一边任教、一边自学的蒋卫平考入了师范学堂。学堂里风气腐败，他转进新改建的永平府中学堂，得以和李大钊成为同学，很快就成了无话不谈的至交。年轻的着年从他那里学习了不少知识，获得了对国家形势和民族命运的真知灼见；深深感受到蒋卫平壮怀激烈、精忠报国的思想情绪；深为自己能结识蒋卫平这样的同学而庆幸。他决心像蒋卫平那样，开阔视野、变革社会、改变国家和民族的命运。遗憾的是，他与蒋卫平只同窗共学两三个月的时间。那年冬天，强烈地感受到"国势危迫""国势之陵夷不振"的蒋卫平，得知保定陆军速成学堂招生的消息，便毅然中止永平府的学业，投笔从戎。他在古城与挚爱的学弟惜惜而别，去了保定。

永平府结义的蒋卫平，是李着年思想启蒙的先生。

十四、儿女情长

93岁的李俊之半闭着昏花的双目，努力地回忆着他的叔父李大钊昔时的故事，又想起一个、两个……他说："那是一个谦和、真诚、文质彬彬的人，身边的人感觉于他，只觉得朴实、善良。"

他家有一只花猫，天真活泼，惹人喜爱。李大钊做作业时，任凭小花猫在他身边"喵、喵、喵"直叫，甚至还伸出小爪子抓他，呜呜念经，他却仍旧做他的作业。时间一长，小猫也习惯了，只要看到李大钊俯下身子看书或做作业，就躲得远远的，从不打扰他。还有一次，李大钊正聚精会神地做作业，突然窗外飞来两只麻雀，"唧喳、唧喳"地叫着，你啄我一下，我啄你一下，在窗台上嬉戏。李大钊如伸手去抓，可轻易逮住它们。可是他动也不动，怕打扰了小鸟的天趣，小鸟能飞到他的窗台上玩耍，看透了他是一位善人。

一年冬雪，院里像铺了厚厚的棉絮。李大钊对儿女说："雪多好啊！你们要是高兴，就堆个大雪人玩儿。"外祖母心疼地说："天这么冷，还叫孩子们去扫雪、玩雪，冻病了怎么办？"李大钊笑着说："孩子应当从小养成吃苦的习惯，免得长大了什么也不会做。身体经常活动，会增强抵抗力。待在家里不动，就更怕冷了。"说完，就和孩子们拿了簸箕与扫帚，一面扫雪，一面对孩子们说："将来谁也不能当寄生虫，谁要是不劳动，就没有饭吃！"孩子们边扫雪、堆雪人儿，边听父亲讲新奇的故事，觉得扫雪是件趣事。

一年夏天，李大钊从北京给孩子们买回一包礼物——笔、墨和方格字帖。孩子们很高兴，立即研墨展帖，坐在八仙桌前写字。女儿李星华第一次临帖写大字，左临一张，看看不像，右临一张，看看还是不像，气得躲到后院里抹眼泪。妻子发现星华哭，但摸不清为什么。正要张口问，却被李大钊拦住。他说："女孩子的心理是很难揣摩的，你要是问她为什么哭，她不会告诉你，所以不要硬逼着问。"妻子莫名其妙。李大钊接着说："我记得在一本什么书上看过：一个很可爱的小女孩，一不留神，小刀划破了手指，她立即把伤口包了，生怕别人发现，这就是女孩的一种自尊心和好胜心，你明白了吗？"妻子这才恍然大悟。

过了一会儿，李大钊把小星华叫来，指着星华写的字帖微笑着说："你的字写得很好，有点儿像魏碑帖上的。因为你第一次临帖，写得还不大整齐。笔画有的地方粗，有的地方细；字有的个儿大，有的个儿小。要是天天耐心练习，就一定会写好的，你看你哥哥写得也不整齐呀，可是他不着急，沉得住气，只有这样，将来才会把它慢慢地写好。"

李大钊堂屋的北墙上，挂着一张富有诗意的画，画中有位少女怀抱琵琶演奏。各种飞禽走兽闻声而来。他绘声绘色地对孩子们说："你们看，音乐的力量有多么大！这个弹奏乐器的姑娘，只要手指轻轻拨动，就能引来美丽的孔雀、高傲的仙鹤、凶猛的狮子老虎，还有各种叫不上名堂的鸟兽，它们一个个都被音乐陶醉了。人就更不用说了。音乐不仅能陶醉人，还能和谐世界……"

在李大钊故居悬挂着他亲手书写的一副对联："铁肩担道义，妙手著文章。"这副对联最早出自明代杨继盛之手。杨因抗御强暴、反对权奸而惨遭杀害。临刑前，他慷慨地写下这副名联："铁肩担道义，辣手著文章。"1916年9月的一天，李大钊的一位朋友请他题写一副对联，他奋笔疾书："铁肩担道义，妙手著文章。"将"辣"字改为"妙"字。李大钊的世界观和为文严谨的特点，就表现了出来。

好的是文化，妙的是艺术，李大钊希望百姓生活于"好"与"妙"的境界。有一次，年纪小小的李大钊问他的表姑：

"你为啥不认得字呢？"

"没上过学啊。"

"你为啥不上学呢？"

"我是个女的，又不考秀才！"

"女的为啥就不念书呢？"……表姑笑他憨，他却开始思考这个社会：女人为什么不读书？男女为什么不平等？

十五、津门求学

1907年，即清光绪三十三年，19岁的李耆年与蒋卫平等有志同学洒泪分手，根据自己的志愿，各奔阳关大道。

7月1日，天津《大公报》刊登招生广告云：

　　本学堂蒙北洋大臣袁立案创办，分专门、简易两种，专门学科二百名，简易科职班一百多名，凡有志入学者于六月初一日起十五日止，先行遵章报名，听候定期招考是幸。

广告中还说明了学堂的宗旨、分科、修业年限、毕业后的出路、奖励、入学考试的科目以及入学后的有关事项等。正科分政治、法律两门，由学生随意选学。简易科分司法、行政两门，职班习司法，绅班习行政。公历时为7月10日和7月24日，由此可推测：李耋年等人赴天津考学当在7月中旬。李耋年回忆说："感于国势之陵夷不振，颇起深研政治以期挽救民族之思想，遂与二三同学，乘暑假之便，赴天津投考。其时有三种学校正在招考：一系北洋军医学校，一系长芦银行专修所，一系北洋法政专门学校。"他说："军医非我所喜，故未投考。银行专修所我亦被考取，但理财致个人之富，亦殊违我素志，乃决心投考法政专门学校，幸被录取。"又云："感于国势之危迫，急思深研政理，求得挽救民族，振奋国群之良策，乃赴天津投考北洋法政专门学校。"

他毅然考入北洋法政专门学校，说明他在思想上、政治上都已开始觉醒。他已经认识到爱国救国离不开先进的"政理"……爱国救国需要选择"良策"。这时的耋年已是有理想、有抱负、有科学理性、有崇高激情的爱国青年。

他的女儿李星华回忆说：父亲不愿到银行去工作，讨厌和钞票打交道，但家中经济困难，父亲也感到为难。他给大伯父李任元写了一封信，说明他的志愿。伯父李任元见信后马上回信鼓励他说："你要逛山就逛高山，你要游水就要游大海，应当继续求学深造。"

1907年夏至1913年夏，李耋年在天津北洋法政专门学校读书，随政治知识之日进，再建中国之志趣亦日益升华。

他和同学们争相阅读《克复学报》上介绍当时革命思潮的文章。在纪念馆现存的两册《预科法学通论讲义》《正科刑法讲义》上有他在学习时所作的多处批注，所扬所弃已泾渭分明。他一面刻苦学习，一面积极参加各种社会活动，参加了北洋法政学会，担任编辑部长，参与出版《言治》月刊，经常写文章表政见，"其文章浑厚磅礴为全校之冠”，一时被誉为“北洋三杰”之一。

他初表政见的两篇文章——《隐忧篇》《大哀篇》，饱含了对国家的隐忧，指出民族的大哀在于民权之旁落，表达了对祖国命运的深切关注，揭示了民权的至关重要；《隐忧篇》对于民国社会中的“党私”“省私”“匪氛”揭露其骨，只看“匪氛”段章，已觉用词尖锐，用情激烈：

> 然窃有忧者，则匪氛之起，不在满清末运，而在民国初年。何则？战后之兵，蛮野浮动，在伍时既大肆劫掠，退伍后仍将流为盗寇，则今日之兵，即他日之匪，其因一；愚民不识共和为何物，教育不克立收成效，责以国民义务，群警为苛法虐政，起而抗变，其因二；一度战乱，元气大丧，民间愁苦怨嗟，实为乱阶，其因三；左道之流，造谣惑众，此次革命，引起此辈帝王思想，其因四。怅望前途，不寒而栗，黯黯中原，将沦为盗贼世界，吾民尚有噍类耶！

> 以上三端，百思恐不获免。凡百君子，其有以嘉谋嘉猷而弭于未然者乎？曷有以解我忧？

下一节按语，亦为耆年所撰，为三章之诠释：

> 斯篇成于民国元年六月，迄今将及一纪，党争则日激日厉，省界亦愈划愈严。近宋案发生，借款事起，南北几兴兵戎，生民险遭涂炭。人心诡诈，暗杀流行，国士元勋，人各恐怖，而九龙、龙华诸会匪，又复蠢蠢欲动，匪氛日益猖炽，环顾神州，危机万状。抚今思昔，斯文着笔时，犹是太平时也。呜呼！记者附识。

李　钊

《言治》月刊第1年第3期

1913年6月1日

虽然"李大钊"的名字是24岁时方才确用，但此时，李大钊的文章署名已使用"李钊"，在法政学校为勉励自己，把名字改为"钊"，后又改为"大钊"，字"寿昌"也改为"守常"。他把读书比作击筑、舞剑，把宿舍命名为"筑声剑影楼"，充分表明了立志报国的决心。

《大哀篇》愤世嫉俗，壮怀激烈，观天照地，肝肠寸断。读其一节，便觉烈火熊熊：

嗟呼！今之自命为吾民谋福利护权威者，竟若是矣！吾民更奚与共安乐者？耗矣！哀哉！吾民瘁于晚清秕政之余，复丁干戈大乱之后，满地兵燹，疮痍弥目，民生凋敝，亦云极矣。重以库帑空虚，岁出增巨，借款未成，司农仰屋，势不能不加征重敛于民。民既托庇于其下，在理当负斯责，亿辛万苦，其又何辞。然求于民者民应之矣，民之切望于国家者，乃适得其反。呜呼！吾民乃委无望矣。富强之本不外振农、通商、惠工。农以生之，工以成之，商以通之。试观吾国，版图若兹其阔，民庶若兹其繁，江河贯于南北，沃野千里，天府之区也。苟有善治者，不待十年，丰庶之象，可坐而睹，而锋镝扰攘之余，为之国家者，不有以解其倒悬，乃坐视困苦飘零而不救，以致农失其田，工失其业，商失其源，父母兄弟妻子离散，茕焉不得安其居，刀兵水火，天灾乘之，人祸临之，荡析离居，转死沟洫，尸骸暴露，饿殍横野。呜呼！国家至此而穷于用，则吾民之所以牺牲其天秩自由，而屈其一部以就范于国家之下者，果何为乎？然是岂国家自身之咎哉？夫今之为政者，匪不纲其政缔以示斯民，若社会政策也，保护制度也，是又徒炫耀其名以贾吾民之欢心已耳。钻营运动争权攘利之不暇，奚暇计及民生哉？然则所谓民政者，少数豪暴狡猾者之专政，非吾民自主之政也；民权者，少数豪暴狡狯者之窃权，非吾民自得之权也；幸福者，少数豪暴狡狯者掠夺之幸福，非吾民安享之幸福也。此少数豪暴狡狯者外，得其所者，有几人哉？吾唯哀吾民而已矣！

反帝反封建反官僚独裁政权的熊熊烈火正在中国燃烧。李大钊等一批革命志士，如雨后之春笋，冲天而起。

十六、良师益友

与李大钊同去天津考学的"二三同学"，据李大钊所著《游碣石山杂记》记载，分别名为"子蘅""守恒""际青"三人。在风雨飘摇的年代，时光来到1913年秋，李大钊再次到昌黎县城北的碣石山旧地重游时，已与这几人"天涯零散，子蘅则从戎南下，守恒则执法塞北，际青则侨寓云津"。

在纪念馆的展厅中，还展览着一张弥足珍贵的照片：李大钊与北洋法政学堂的地理老师白雅雨在一起。白是同盟会会员，滦州起义的策划者之一，1911年在辛亥滦州起义中壮烈牺牲，他的民主主义思想和为革命不惧牺牲的精神，深刻影响着李大钊。在天津求学期间，还有一位高才的学长名叫白眉初。在李大钊的人生际遇中，"二白"是革命路上的良师与益友。《李大钊故事》中，有着这样的传神叙述：

李大钊在永平读书期间，常听到一个前期同学的名字，叫白眉初。他的学识令人肃然起敬。后来白眉初考取法校到了天津。李大钊考取天津法政专门学校后，无时不念及着他这位未曾见过面的前期同学。"踏破铁鞋无觅处，得来全不费工夫"，一天地理课后，李大钊听了白雅雨讲课，心情很不平静。课堂上，白雅雨把祖国地图清清楚楚地画在了黑板上，他手执教鞭，慷慨激昂地讲起祖国的大好山河被外国洋人瓜分割据，并大胆地指责清朝政府的腐败无能和荒淫无耻，最后他高声疾呼："中华民族国将不国，是何人罪过？"

课后，李大钊找到深深敬爱的白先生，师生一见如故，志同道合。此后经常来往，结成了忘年之交。李大钊从此成了白雅雨得意门徒。白眉初在天津读书时，也有一位亲密的授业老师，名字叫张相文。张相文与白雅雨过从甚密，因政见相同经常聚在一起，谈天说地，慷慨国事。

一天，李大钊来到白雅雨先生的住室，议论起"为灌溉自由之花"死于吉林的新军领袖熊成基。说到他临刑前在供词上只签上了"革命"两个大字，无不为之动情。白老师激动地站立起来，高声朗诵起"人生自古谁无死，留取丹心照汗青"的古诗名句，接着引吭高歌，声韵悲壮地唱起："风萧萧兮易水寒，壮士一去兮不复还！"凄凉悲壮的歌声，感动得李大钊流下热泪。

随着一阵爽朗的笑声，只见张相文带着一个满面红光、身材魁梧的年轻人来访，一看就知是位博学多才、性格达观的哲人学者。张相文笑着说："来来来，眉初，我给你介绍一下，这是地理学专家白雅雨先生。这是我的门生白眉初同学。"

"咱们都姓白，说不定五百年前还是一家子嘛！"白先生说着朗声笑了起来。白雅雨叫过李大钊："相文，我也给你介绍介绍，这位是我的门生李大钊，直隶乐亭人，此生学识不凡，对当今世事很有见地。"

白眉初听说李大钊是乐亭人，格外亲切。互问长短才知不仅是同乡，还是同校学友，都流露出相见恨晚之情。从此，李大钊和白眉初成了要好的朋友，他们在白雅雨先生革命思想的影响下，先后都走上了反清爱国的革命道路。直到李大钊就义之前，他还常常和人背诵起白雅雨领导滦州起义，不幸牺牲前留下的"慷慨赴死易，从容就义难"的诗句。由此可见白雅雨先生对李大钊的影响之深。

李大钊在天津结识了白眉初之后，又结识了于永滋、黄毓培等几个意气相投的同窗好友，在后来的革命岁月中，他们的纯真友谊，始终如苍山松柏。

最使李大钊终生难忘的就是白雅雨老师在滦州起义中壮烈牺牲。具有光荣历史的北洋法政专门学校，在李大钊入校之前就有白雅雨等革命先驱在活动。李大钊入校后，在革命思想的启发下，爱国爱民的革命思想，像得到春雨的种子，迅速萌动起来。

白雅雨先生为革命在滦州牺牲的消息传到天津之后，法政专门学校震动了，李大钊、于永滋等几个和白老师贴心的同学像失去了亲人，一个个伤心、流泪、悲愤，义愤满腔。

白毓崑字雅雨，号铣玉，江苏南通人。武昌起义后，他积极策动滦州新军起义，并派人到西北、山东等地联络革命力量拟取北京；起义失败后被捕，英勇就义。临刑前，他大义凛然，挥笔写下绝笔诗：

> 慷慨吞胡羯，舍南就北难。
> 革命当流血，成功总在天！
> 身同草木朽，魂随日月旋。
> 耿耿此心志，仰望白云间。
> 悠悠我心忧，苍天不见怜！
> 希望后起者，同志气相连。
> 此身虽死了，千古美名传！

时年44岁的白雅雨壮烈牺牲，对北洋法政专门学校的师生影响很大，对李大钊则是又一次打击，正如鲁迅先生诗云："忍看朋辈成新鬼，怒向刀丛觅小诗……"

朦胧的夜色下，他们相邀到校园的那株翠柏之下，祭奠敬爱的白老师。他们垂手站定，遥向着东方深深鞠下一躬，席地而坐，低声交谈，回忆着白先生的人品、严教和革命的志气。

一转眼，毕业的时间到了，将要离开母校的前夕，李大钊、于永滋、黄毓培等十几个同学，又相聚在校园的这株翠柏下话别。回忆起了过去的幕幕往事，回忆起白雅雨老师的爱国精神，不约而同地谈起了各自的志愿。有的人想当雅士，游山玩水；有人抱着悲观厌世的念头，无所用心；有的则因报国无门而忧郁愤世。同学们最后问李大钊说："谈谈志愿呀？"

李大钊神态严肃地说："我活着只想做一个对老百姓有用的人；我死后，一不要棺材，二不要埋在地下，甘愿把尸首扔进大海，喂肥鱼虾，供人食用，使老百姓得到我最后的一点儿好处，这就是我的平生夙愿！"

同学感到李大钊回答得奇怪，深一回味，都被他为人民无私奉献的精神所感动。有的同学当场就改变了自己的看法，为了人民，倾向了革命。

十七、悲情愤诗

在天津北洋法政专门学校，学业如登高山，教学也很受重视。李大钊除继续学习英语外，每周上36节课，有的课由外籍教师直接用外语讲，学习十分紧张，负担相当沉重。众多新学科、新知识，给他这个求知欲极强的青年带来了兴奋和快乐。他给同学的印象是穿着朴素、品行高尚，富于侠义之气，而且见识卓拔、学问充实、能文善诗；尤其文章行文豪放、感慨淋漓，"明可薄汉霄，幽可泣鬼神，坚以铄金石；悲歌激昂，摧山岳而震鲲鹏"。正似著名的唐代文学家、思想家韩愈所颂的那种燕赵慷慨悲歌之士。

然而，此时李大钊心底里还有着同学们难以觉察的苦闷。18年来抚养、疼爱自己的祖父去世，身后家务纠纷引起烦恼，妻子生活陷入困难，还有对出生不久即夭折的女儿的痛惜……这种个人不幸又同当时边警不断、国势衰颓、危机四伏、民生凋敝的社会现实交织一起，使他内心长期处在压抑之下，在入校后的第二年，即挥笔写下了这样的诗句：

一

荆天棘地寄蜉蝣，青鬓无端欲白头。
拊髀未提三尺剑，逃形思放五湖舟。
久居燕市伤屠狗，数觅郑商学贩牛。
一事无成嗟半老，沉沉梦里度春秋。

二

感慨韶华似水流，湖山对我不胜愁。
惊闻北塞驰胡马，空著南冠泣楚囚。
家国十年多隐恨，英雄千载几荒丘。
海天寥落闲云去，泪洒西风独依楼。

他觉得自己好比布满荆棘土地上生命短暂的蜉蝣，青年之时，头却要白了；遗憾自己没有像蒋卫平那样下决心去军事学校，以便将来挥剑跃马，疆场杀敌，反而同春秋时越国大夫范蠡那样放舟五湖。他又把自己比作战国时期志不得申，流落燕国与屠狗者为伍时心怀感伤的义士荆轲。他感慨韶华似水，面对湖光山色只觉不尽忧愁。虽然听说北国发生了令人震惊的边患，却也只能像做了郑、晋两国囚徒的楚臣钟仪一样，仅仅以不摘掉楚国的帽子来尽爱国之心。想到国家多年来屡屡受辱，仇恨累积。

但是，为了实现他梦想中的公平社会，他的必修科目包括《大清律例》、《大清会典》、西方政治学、财政学、经济学、应用经济学、社会学、政治哲学、政治史、外交史、通商史、宪法、民法、刑法、国际公法、私法、商业、银行、货币、商法、地方自治、统计等三十余项课程。考试制度极为严格，该校章程明确规定，"两次学年考试不及格者"则责令退学。这一期间，李大钊的学习任务相当重。

上学的6年，是他在学识上奠定基础和受正规学校教育、学习新式课程时间漫长的6年，除进一步学习中国传统文化，广泛涉猎西方科学和思想文化，初步掌握了日、英两门外语外，还具备了较强的研究能力和工作能力。

正是北洋法政专门学校，为李大钊日后的发展奠定了最基本的条件。为了凑足求学需要的费用，李大钊在《狱中自述》云："钊在该校肄业六年，均系自费。我家贫，只有薄田数十亩，学费所需，皆赖内人辛苦经营，典当挪借，始得勉强卒业。"

在反正两重的重压下，李大钊于1909年冬月的新诗《岁晚寄友》面世：

一

江山依旧是，风景已全非。

九世仇堪报，十年愿未违。

辽官昔时燕，今后汉家飞。

岁晚军书急，行人归未归？

二

几载不相见，沧桑又一时。

廿年余壮志，千里寄新诗。

慷慨思投笔，艰难未去师。

何当驱漠北，遍树汉家旗。

1910年的7月，李大钊在永平学府莫逆之交的兄长宋仲彬从保定武备学堂毕业。李大钊立时去信，劝他参加孙中山领导的国民革命运动，但宋有客观因素，担任了天津警备司令孙洪伊的侍卫长。

宋仲彬系与李大钊交往为时最长、关系最密切的朋友之一。1916年6月，闻李大钊自日本回上海参加反袁斗争，专程自南京至上海接迎李大钊，并护送北上的就是该君，这是后话。

1908年春，被誉为"关东三杰"之一的英杰人物、李大钊的又一挚友蒋卫平，为中俄勘界事宜，与沙俄交涉。他只身渡过黑龙江与俄方交涉，被扣押。中方多次派人与俄方交涉，要求送还蒋卫平，1910年8月5日，俄军佯称送蒋卫平过黑龙江回国，当他步上渡船后，俄兵开枪射杀蒋卫平，这位爱国志士时年28岁。

1910年冬季，悲愤凝胸二年之久的李大钊挥泪作诗，发表于《言治》月刊：

题蒋卫平遗像

斯人气尚雄，江流自千古。

碧血几春花，零泪一抔土。

不闻叱咤声，但听呜咽水。

夜夜空江头，似有蛟龙起。

从这一时期起，李大钊的悲情愤诗、战斗檄文泉涌般发表，充满了时代的情感！

十八、探索济世之道

在诗文喷涌、苦寻救国良方的探索时期，李大钊曾经遍尝"药草"，遍踏荆棘地闯荡，以求济世之道。

1912年冬，李大钊为筹办《言治》月刊，前往北京找北洋法政专门学校的创办人之一，在国会请愿运动中几次担任各省咨议局领衔代表的孙洪伊帮忙。在北京期间，李大钊见到中国社会党北京支部负责人陈翼龙，经过一夜畅谈，毅然加入了社会党。他作出这样的选择可能出于两方面原因：

一是他了解陈翼龙是个有抱负、有思想的人。陈翼龙生于1886年，比李大钊大3岁，湖北罗田县人，"幼聪颖，有大志，年十五有澄清天下之愿，嗣奔走于湘、鄂、苏、赣各地，意在纠合同志，以图起义"。

1909年陈翼龙在上海担任《神州日报》记者，宣传革命，认识了时在上海担任《民立报》主笔的宋教仁，经宋介绍接触了孙中山、黄兴等革命领导人物；但他没有加入同盟会和国民党，而是于1911年11月，在苏州和江亢虎一起创立了中国社会党苏州支部。1912年8月，他又同江亢虎一起在北京建立了中国社会党北京支部，担任了支部主任，很快发展了一批党员，并且开始积极筹建平民学校；同时，准备在天津建立支部。

陈翼龙显然没有投机钻营、谋取议席和官位的打算，这一点尤得学习法政却不思官，痛恨利禄之徒、无耻政客的李大钊的心。陈翼龙不久后的壮烈牺牲，证明李大钊没有看错人。

二是中国社会党的党纲内容和他的理想颇为接近。中国社会党是在江亢虎于辛亥革命前夕组织的社会主义研究会的基础上建立的，总部设在上海。该党宗旨是，在"不妨害国家存立范围内主张纯粹社会主义"；承认国家的统一和民主，主张改良而不是革命，赞成平等、自由，注重发展实业和教育，反对兵争或以兵为后盾的党争。

这些并非马克思科学社会主义的主张，显然很符合这一时期李大钊的思想；或可以说，这些纲领对李大钊产生了很明显的影响。在李大钊看来，无论该党领导者陈翼龙个人言行，还是党的宗旨纲领，都不是他曾经批评过的"荧惑诽谤，以泄其私举"、排挤倾轧正义之士，以其私心党见误国的"小人"之流或"奸党"团体。他或许认为可以在这样的党内宣传和维护正义、人道，树立真正的、体现民主立宪精神的政党。

1913年2月2日，中国社会党天津支部经过一番波折后正式召开成立大会，李大钊被推举为支部干事。然而，由于内务部迟迟不发批文，警察厅屡加干涉，支部工作一直无法开展。陈翼龙为此数次向内务部提出呈文，以"人道""公理""民权""法律"为武器质问当局，但毫无效果。

半年之后，陈翼龙因与国民党人联系，准备在北京发动反袁活动，被京师警察所侦缉逮捕，于8月6日杀害于北京。次日，中国社会党被宣布为非法组织，勒令解散。在革命探索道路上屡遇凶险时刻，李大钊的后院也正起火，姑姑、姑父挑起的财产纷争，正在大黑坨激烈演进。

在历史遗迹中，李大钊留下了苍劲的笔迹。他秉承生父李任荣的天赋，一手毛笔书法矫若惊龙，刚健遒劲，力透纸背。在天津读书期间，李大钊的经济状态低到了谷底，坐吃山空，等待贤妻的挪借。其实，李大钊的手中金笔完全可解决困境——他受人之托，偶尔为"京门脸子"的街头店铺书写门头匾额，为体面人的中堂照壁题写楹联诗词，人家偶尔奉送的一点儿润笔费，真正地解决了他的燃眉之急。

受了此般启发，他的"粉丝"逼他书写春联，拿了到街头去卖，竟是大受欢迎，供不应求。但是，李大钊是一位胸怀世界的革命者，他要读书，写文章，以早日唤醒照亮那个黑暗的世界，但在远飞东瀛之前，他确实依赖了那种本领，维持了人生的体面，度过了艰难日月。

十九、忧国诗文

1912年，李大钊23岁，中国的革命乃在浮云蔽日、波谲云诡之时。惊雷一响的1月1日，孙中山在南京就任临时大总统，宣告中华民国成立，以是日为中华民国元年元旦。

李大钊等北洋法政专门学校的爱国学子，对于孙中山创建中华民国的艰辛及贡献，有极为深刻的认识："孙氏倡革命于举世不解共和之日，莽莽神州，一身无所寄，流离海表，辛苦备尝。二十年如一日，遂有多数党人联翩而起，言孙之言，行孙之行，以与人道蟊贼穷凶极恶之专制政体抗。停辛伫苦，蹈白刃而不辞，力填平等路，血灌自由苗，平等路如砥，自由苗而苗，中华民国乃见于东亚大陆。"

1月22日，孙中山宣布，如清朝皇帝退位，袁世凯宣布拥护共和，他即可辞职，并推举袁世凯为总统。对这一重大事件，李大钊等学子纷抒己见，认为"武汉起义后之袁项城，事业历史，前此曾国藩、李鸿章之所瞠目惊心，不敢为，不能为者。袁项城不动声色，除旧布新，定国事于至危极险之顷"。

2月13日，袁世凯通电宣布拥护共和；孙中山辞职，推举袁世凯为临时大总统。15日，临时参议院选举袁世凯为临时大总统，选举黎元洪为临时副总统。袁世凯在北京就任中华民国临时大总统，由此开始了北洋军阀统治时期。

没有军权，不谙统政之道的热血青年，全如别无他法的孙中山先生一样，将革命之希望、国家之前途寄望于一个"进步军阀"袁世凯身上。4月1日，孙中山正式向临时参议院提出辞呈。李大钊等爱国学子深为孙中山的"义举"欢欣鼓舞，认为孙中山能够"荐大政治家、大经世家之袁世凯于国民，而飘然解组去"，"其浩然之气，真挚之诚，高洁之怀，缠绵悱恻之心，可敬可钦，可歌可泣，与日月争光可也"；并盛赞袁世凯"民国之经营构设，亦非袁世凯之大刀阔斧，无由荷其负担十年"，甚至认为袁世凯兼具"拿破仑之雄才大略""克林威尔之热心魄力"以及"华盛顿之德量信念"。

也正是在此历史阶段，中国风起云涌的革命大潮令李大钊激动得热情盎发，写出了呼唤革命、呼吁爱国、歌颂祖国大好前景的战斗檄文和诗章，其势头如地下岩浆的奔涌，地表原油的喷吐！

他主张与发起的北洋法政学会成立于1912年秋，先后加入该会的有250余人。学会设立评议、调查、编辑、庶务4个部，其中编辑部人数最多，达52人。李大钊由于才思敏捷、文章出众，被推举同郁嶷一道担任编辑部长。

编辑部的责任是编辑会刊《言治》，1913年4月1日出版第一期，其后半年多时间里共出6期。郁嶷撰写的《言治宣言书》说：东西各国历史表明，一国学术、政术不发达，与该国政治的"统一"专制相关。北洋法政学会的组织只是为了"群居研学"，而不是组党，《言治》月刊的宗旨亦是如此，不持党见便不拘作理论论证和舆论宣传。正是在这样的宗旨下，李大钊开始发表政见。他在1912年6月的《隐忧篇》中写道：

　　国基未固，百制抢攘，自统一政府成立以迄今日，凡百士夫，心怀兢惕，殷殷翼当世贤豪，血心毅力，除意见，群策力，一力进于建设，隆我国运，俾巩固于金瓯，撼此大难，肩此巨艰，斯固未可以简易视之。而决未意其扶摇飘荡，如敝舟深泛溟洋，上有风雨之摧淋，下有狂涛之荡激，尺移寸度，原望其有彼岸之可达，乃迟迟数月，固犹在惶恐滩中也。

　　蒙藏离异，外敌伺隙，领土削蹙，立召瓜分，边患一也；军兴以来，广征厚募，集易解难，饷糈罔措，兵忧二也；雀罗鼠掘，财源既竭，外债危险，废食咽以，财困三也；连年水旱，江南河北，庚癸之呼，不绝于耳，食艰四也；工困于市，农叹于野，生之者敝，百业雕蹶，业敝五也；顽梗未净，政俗难革，事繁人乏，青黄不接，才难六也。凡此种种，足以牵滞民国建设之进行，刻在来兹，隐忧潜伏，创国伊始，不早为之所，其贻民国忧者正巨也。

发表于《言治》月刊第1年第1期的《大哀篇》，前文已有所引，其入木三分的辛辣，令文士叫好，壮士叫绝。凡他涉足之处，常常睹物感怀。在抒写自己一瓣心香的《吊圆明园故址》中，他借"陟高岗，凭吊圆明园故址"之机，控诉了帝国主义侵略中国的野蛮行径：

一

圆明两度昆明劫，鹤化千年未忍归。
一曲悲笳吹不尽，残灰犹共晚烟飞。

二

玉阙琼楼委碧埃，兽蹄鸟迹走荒苔。
残碑没尽宫人老，空向蒿莱拨劫灰。

1916年初，李大钊为联系讨袁事宜，带着留日同学的爱国期托，暂返上海；舟行途中，他写了《太平洋舟中咏感》，抨击了袁世凯的倒行逆施：

　　　　浩渺水东流，客心空太息。
　　　　神州悲板荡，丧乱安所极？
　　　　八表正同昏，一夫终窃国。
　　　　黯黯五彩旗，自兹少颜色。
　　　　…………

李大钊深刻揭露袁世凯挑起的连年战乱，导致了神州动荡、兵燹满地、生灵涂炭的恶果；接着，他豪情满怀地歌颂了"义声起云南，鼓鼙动河北"的讨袁护国巨大声势，赞扬了全国掀起的反袁义举。他勉励友人为匡时扶危，"新造民族之生命，挽回民族之青春"而努力奋斗。

同年春，李大钊返回日本，适逢留日学友幼衡回国，在为其饯行时，即席口占一绝，展示了他匡时救国的伟大抱负：

　　　　壮别天涯未许愁，尽将离恨付东流。
　　　　何当痛饮黄龙府，高筑神州风雨楼。

此诗一扫历来送别所流露出来的哀婉、感伤的离情别绪，以豪壮、乐观的情调展望祖国之新生。

二十、留学东瀛

为了寻求救国救民的真理，1913年冬天，李大钊在汤化龙、孙洪伊资助下，远渡重洋去日本求学深造。出国前，李大钊在北京游览了圆明园等地，面对被列强掠夺后的断壁残垣，感慨万千，写下了《咏玉泉》《吊圆明园故址》两诗，抒发了热爱祖国的胸怀和对于帝国主义侵略的愤慨。他正是仇恨日帝，才决心与狼共舞，学习其战术的。

一个亲眼目睹的血淋淋的事实，让李大钊下定了"不入虎穴，焉得虎子"的决心。一位老汉挑着桃子在北京街头叫卖，一个日兵抢了桃子吞吃，待讨钱时，回的竟是枪托。老汉报告中国巡长，巡长一问，那日兵却还来一刀。巡警队愤怒了，围住日兵讨要说法，说法是一梭机枪子弹，三警立死，二人伤不治。忍看五同胞被屠的李大钊，是在那样的一刻对着碣石山发出誓言："弥天大辱，钊与日寇不共戴天，有如碣石！"

1914年9月，他考入早稻田大学政治学本科学习。读书期间，以文会友，结交在日华人中的仁人志士，并有幸结识了当时在日办刊物、后在北京大学任教的章士钊。章士钊在东京参与创办的《甲寅》杂志，在日本影响很大。李大钊的一篇短文，投给了《甲寅》。一天，他突然接到从《甲寅》寄来的信。发信人署名章士钊，约请相见。二人相见甚欢，问答皆是开门见山。

章士钊道："多日繁忙，未亲自阅稿。昨拜读大作，知先生乃学识渊博、品德醇懿之士。贸然惊动，望李先生原谅！"

李大钊道："异国他乡，得见同胞师长，实乃幸事，我本直隶乐亭人，听章先生乡音，恐怕是两湖老家吧？"

"士钊老家正是湖南长沙。"二人一见如故，谈话间互道身世，倾诉志向，从学业到政见无所不涉，越谈越深。此后，二人关系越发密切；李大钊写的《民彝》《国情》等多篇著作，都先后发表于《甲寅》杂志。

留学期间，李大钊还结识了日本社会主义学者、早稻田大学教授安部矶雄，并深受其影响；他还阅读了大量英、日文的社会科学著作，接触了马克思主义和社会主义理论。李大钊在《甲寅》发文指出："言国情者，必与历史并举"，"昔日之国情，即今日之历史；来日之历史，犹今日之国情"，借此呼出身在曹营心在汉的警句。

1915年1月18日，袁世凯企图接受日本政府向其提出的旨在灭亡中国的"二十一条"，身在异国，每时每刻都心系祖国的李大钊得知后，忧心如焚，联络留日学生奋起反抗，号召人民举国一致、众志成城，保卫中华民族锦绣江山。6月，为反对袁世凯卖国称帝，李大钊组织编写了《国耻纪念录》，发表《国民之薪胆》，号召国人万万不可忘记国耻。

日本于5月7日发出最后通牒，限袁世凯于48小时之内全部接受，同时开始向东北、山东、天津等地增兵，进行战争恫吓。袁世凯为了求得日本对其复辟帝制的支持，在日本帝国主义胁迫下，除第五项要求日后协商外，其余全部接受。

消息传开，中国北京、上海、天津等大城市以及在日本的中国留学生中，立即产生了强烈反响。5月11日下午，在日本东京神田区基督教青年会所在地，3000余名留学生召开大会。李大钊参加了留学生反对"二十一条"的斗争，并被推举撰写了《警告全国父老书》。该文沉痛总结了甲午战争以来列强特别是日本帝国主义瓜分中国的事实，呼吁全国人民一致反抗日本帝国主义的侵略，挽救祖国的危亡，"值此千钧一发之会，当怀死中求活之心，最后五分，稍纵即逝，过此以往，皆凄凉悲惨之天地也。然则吾国民于今日救国之责，宜有以仔肩自任者矣"。他发誓："万一横逆之来，迫我于绝境，则当率我四万万忠义勇健之同胞，出其丹心碧血，染吾黄帝以降列祖列宗光荣历史之末页。"这篇通电在国内传遍了大江南北，有力地推动了反日爱国运动的开展。

1912年10月，一个名叫中岛端的日本人出版了《支那分割之命运》一书，称中国或乱，或亡，或统一，或分割，其为20世纪之谜，打算用该书为日本"有雄飞大陆之志者"提供所谓"解谜之良键"——即侵略之策。

李大钊和法政学会的同学看到该书后深感"风狂雨横，惨淡相逼"，因而"愤恨眦裂"，不能自已，立即将该书翻译成中文，并加上数万字"字字皆薪胆之血泪"的"驳议"出版，以警戒世人。这本书很快"风行全国"。

李大钊热爱民族、热爱国家的情感也来自历史上爱国人物的影响。明末爱国志士朱舜水游历日本的意义，也是李大钊战斗的课题：

朱舜水，名之瑜，字鲁屿，浙江绍兴府余姚人，生于明万历二十八年（1600）。他少年时即"抱经世之志"，因"政理废弛，国是日非"，奸党当国，"绝志于仕进"。明亡之后，他誓不为清之臣民，流落到日本、越南等国，后几次返国进行反清活动，并曾应郑成功之邀，参加北伐；最后定居日本，从事讲学，"惟以邦仇未复为憾，切齿流涕，至老不衰"，其思想、节操在日本留下很大影响。

1912年夏，日本举行了纪念朱舜水逝世230周年祭典。李大钊听到日籍教师吉野作造和今井嘉幸谈起朱舜水在日本的事迹，听到日本开会纪念朱舜水的消息，遂感到"欣痛交集"，立即翻阅日文报刊，将有关逸事遗闻的记述译辑成文，以《朱舜水之海天鸿爪》为题，登在《言治》月刊上。随后，他又写下了《东瀛人士关于舜水事迹之争讼》一文：

> 嗟夫！舜水先生抱种族大痛，流离颠沛，而安南，而日本，投荒万里，泣血天涯，未尝一日忘中原之恢复也。旷世哲儒，天益于艰难险阻中成之，此其学为何如者，夫岂勤王一事，所足征其蕴而扬其光耶……吾人而笃念前哲者，则所以挽人心颓丧之风，励操心持节之气，其必在先生之学矣！

对于日人争论中有谓朱舜水"归化"日本的说法，他力辩其诬：

> 先生不幸生遭国亡种夷之痛，乃转徙遐方，避地海外，以为卷土重来之计，间关万里，日向乡关泣血者，岂得已哉！而数百年后，人犹不谅其衷，反以归化诬之。使先生而归化也者，神州虽云沦陷，尚有汗颜苟活之地，则黄冠草履，遁迹深山，未尝不可以送此余年，满洲与日本奚择，而

必越海以赴之哉?

他为先哲载誉他乡，反不为祖国同胞所识深感悲哀；便是今人，理解朱舜水抗争之意义吗?

面对祖国渺茫的未来，许多爱国者产生了悲观失望的情绪，当时陈独秀就发表了一篇《爱国心与自觉心》的文章，文中强调，救国的根本之道在于提高"国民智力"，又不无偏激地说："其国也存之无所荣，亡之无所惜。"该文发表后引起强烈反响，仁者见仁，智者见智。为此，身在日本的李大钊在《甲寅》第一卷上发表了《厌世心与自觉心》一文，文中对陈独秀的悲观失望进行了同志式的批评，一针见血地指出了他政治上的糊涂。

在李大钊准确的预见下，窃国大盗袁世凯，不顾天怒人怨，终于在1915年12月12日登上帝位，定年号为"洪宪"。元旦那天，袁世凯黄袍加身，得意忘形地来到天坛举行"祭天礼"，接受百官顶礼朝拜。

全国沸腾了，反抗袁贼卖国复辟的斗争，立刻席卷全国。北京、汉口、烟台、福州、厦门等大中城市，几万、几十万的群众上街游行示威，以蔡锷为首的起义军所到之处，人民踊跃参军支持，身居海外的华侨纷纷汇来巨款表示声援。李大钊等在东京的留学生组成了反袁的"神州学会"。大家公推李大钊为文事委员会主任，并派他回国联系护国反袁的具体行动。

1916年1月底，李大钊来到了横滨港，搭上一艘法国轮船。汽笛一声长鸣，李大钊醒目微睁，隔窗观海，只见舷窗外海浪起伏，惊涛吼哮，大有气吞乾坤之势。李大钊心中似海浪滔滔，他取出纸墨，激情满怀地奋笔疾书，一首题为《太平洋舟中咏感》的长诗跃然纸上：

> 浩渺水东流，客心空太息。
> 神州悲板荡，丧乱安所极?
> 八表正同昏，一夫终窃国。
> 黯黯五彩旗，自兹少颜色。

逆贼稽征讨，机势今已熟。

义声起云南，鼓鼙动河北。

绝域逢知交，慷慨道胸臆。

中宵出江户，明月临幽黑。

鹏鸟将图南，扶摇始张翼。

一翔直冲天，彼何畏荆棘？

相期吾少年，匡时宜努力。

男儿尚雄飞，机失不可得。

　　诗文成篇，再把"乙卯残腊，由横滨搭法轮赴春申在太平洋舟中作"几行小字缀于文后。到了上海，就是到了战场，他领受了任务，协调了政治立场，统一了行动计划，两周后又返回日本。稍事休整，准备投入暑期后的新学年学习之时，国内响起了恢复帝制的聒噪之声，竟很快演进成洪宪帝制现实，在留日中国学生中引起反响。1916年1月16日，在一些骨干的积极鼓动和组织下，于前一年被中国政府驻日公使迫令解散的中华民国留日学生总会得以恢复。在一段时间里，李大钊的大部分精力投放在浏览报刊、了解国内政治动向和阅读西方近代社会科学著作方面。通过对这些材料的研究，以及对传统儒家、道家典籍重新研究，李大钊确认了民主的不可动摇性，并认识到民主的建立不得不以革命的手段推翻专制势力，这促使他以极大的热情，投入到留学生支持国内反袁斗争的活动中。

　　但是，早稻田大学于2月2日以"长期欠席"为由将他除名。李大钊已经预料到了这般结果，他认为"留东三年，益感再造中国之不可缓"，相比之下，个人学业微不足道。1916年2月2日，李大钊被推举为文事委员会编辑主任，主编留日学生总会的机关刊物《民彝》杂志。这份刊物于当年5月15日正式面世，他的一篇重要论文《民彝与政治》就刊登在创刊号上。

　　李大钊还参加了另外两个留学生组织。一个是"神州学会"，该会是留日学生总会的部分成员李墨卿、高一涵、邓初民等相约组成的，学会的宗旨是"研究学术，敦崇气节，唤起国民自觉，图谋国家富强"；另一个是"中国经济财政学会"，该会的宗旨为"研究经济财政学理及调查事实以其适用于中国"。

李大钊在此期间还有一个十分重要的收获——形成了一套"青春"宇宙观和建立一个新的、民主的理想国家的观念，即：宇宙是整体生命无限和部分生命有限的统一；有限生命由生到死，有死到生的无限轮回构成宇宙无限的生命、无尽的青春；人的知、情、意结合而成的再造精神、再造能力可以使个人、人类、地球永葆青春，可以再造衰落、毁灭的民族、国家，使其再生。

怀着再造青春中华的梦想，1916年，"四五月顷"，李大钊离开日本，5月19日到达上海，结束了他东渡日本的生活，开始了他革命生涯的新阶段。

二十一、志士归国

1916年春，李大钊到江户送别友人回国。1916年3月22日，袁世凯被迫下台。国内局势依然动乱，各系军阀趁机而起，李大钊归国行前，是他思绪最为纷繁，民族意识最为强烈的时候，一首震动政界文界的《黄种歌》，借盎发的春气问世：

黄种应享黄海权，亚人应种亚洲田。青年！青年！切莫同种自相残，坐教欧美着先鞭。不怕死，不爱钱，丈夫决不受人怜。洪水纵滔天，只手挽狂澜。方不负石笔铁砚，后哲先贤。

诗人踌躇满志归国去，决心要做一个职业革命志者。行时，沈汉卿、沈芸生到码头送行。"吾于去岁四五月顷，再往上海，君及沈君芸生，送吾于横滨舟中，更购罐头鲜果多类馈余，江干握手，珍重而别。""守常为了拯救国家，毅然决然丢下学业，甚至拿不到大学毕业文凭也毫不顾惜。"上半年返回祖国，到上海和孙洪伊、王法勤、白坚武等人会面，策划反袁工作，并和孙洪伊等人对政局进行了长时间的讨论。

是年春日，李大钊发表的《民彝与政治》是其最早、也是最多引用穆勒观点的文章。他认为，民主的首先含义在于政府把人民当作服务和改善的对象，穆勒不仅是一位主张自由的思想家，还是一位主张民主的思想家。穆勒对于李大钊的影响不仅仅存在于李大钊在十月革命影响下转向马克思主义和共产主义之前，而且也存在于这种转向之后。这对于我们理解中国马克思主义的精神传统具有重要意义。

1916年8月15日，《晨钟报》在北京发刊，由梁启超、汤化龙等主持。李大钊在《晨钟报》创刊号发表代发刊词《〈晨钟〉之使命——青春中华之再造》以及《新生命诞孕之努力》。

《〈晨钟〉之使命——青春中华之再造》申明《晨钟报》的宗旨是唤醒民众觉醒，激励青年急起直追，勇往奋进……索我理想之中华、青春之中华；号召青年"本其自由之精神，奇僻之思想，锐敏之直觉，活泼之生命，以创造环境，征服历史"。《新生命诞孕之努力》指出："大凡一新生命之诞孕，必历一番之辛苦，即必需一番之努力。""《晨钟》创刊，缔造经营，竭尽绵薄，犹虑弗胜，此本报新生命诞孕之辛苦也，而本报不敢辞其辛苦，殚精瘁力以成之者，则亦本报欲得自由之努力矣……"

8月20日，《晨钟报》在《每日警语》栏中发表杨继盛语："铁肩担道义"，而未刊此联末句"辣手著文章"，说明当时李大钊对此似有所虑。对于字词的使用，李大钊从来是十分精到和审慎。刊出"铁肩担道义"之后不久，李大钊手书"铁肩担道义，妙手著文章"联语赠予杨子惠。"辣"字直接改为"妙"字，一字的改动，是取自陆游一诗："文章本天成，妙手偶得之。"李大钊以此为据，将"辣"字改为"妙"字，以此尽抒己志，勖勉友人。

9月1日，才华横溢，文思泉涌的李大钊在《新青年》第2卷第1号发表《青春》。本文作于日本，阐述了作者的青春宇宙观，提出"青春之中华再生"。文中说："而在是等国族，凡以冲决历史之桎梏，涤荡历史之积秽，新造民族之生命，挽回民族之青春者，固莫不惟其青年是望矣。"号召青年"冲决历史之桎梏，涤荡历史之积秽，新造民族之生命，挽回民族之青春"；坚信"宇宙无尽，即青春无尽，即自我无尽"进化论的发展观；寄希望于青年："青年循蹈乎此，本其理性，加以努力，进前而勿顾后，背黑暗而向光明，为世界进文明，为人类造幸福，以青春之我，创建青春之家庭，青春之国家，青春之民族，青春之人类，青春之地球，青春之宇宙，资以乐其无涯之生。"

他认为人类社会和大自然的规律一样，青年是历史发展任务的主要承担者；其中"新造民族之生命"等提法，尽显其爱国主义精神和民族主义思想。

8月15日至9月5日期间，李大钊仅在《晨钟报》便发稿共14篇。前后算来，他在该报的工作时间共计为22天，又返故里大黑坨一次，赠7岁小儿与小女一套字帖，毛笔墨盒，铜盖上镌刻"葆华留念"与"星华留念"，儿女情长，可见一斑。一个年轻的革命家，是如此分配自己的情感和时间的。

国内正在兴起的新文化运动令李大钊欣喜若狂，他以报章为阵地，宣传新思想、新文化，创办《晨钟》，参加《宪法公言》《甲寅》日刊、《言治》季刊的编辑工作，在仅一年多的时间里，发表文章近百篇，其观点鲜明，语言犀利，充满爱国主义激情和激昂的革命斗志，对时局产生了极大的鼓舞。《言治》4月发表的一篇《战争与人口》（上），达2万余言。

他在《真理之权威》一文中，阐明了自己的真理观："人生最高之理想，在求达于真理。"追求真理是李大钊一生为之奋斗的力量源泉。在《此日》一文中，提出了"月异岁新，与时俱进，页页联缀，永续无穷"的与时俱进发展观。

1917年6月，发生了张勋复辟事件，李大钊在上海写信给好友李泰棻，了解北京的情况。他发表了《暴力与政治》一文，支持孙中山的护法斗争。1917年11月，经章士钊介绍李大钊到北京大学任教。

1918年1月，北京大学校长蔡元培确定李大钊到北大担任图书馆主任，再造图书馆。他开始把北大图书馆从一个封闭的旧式藏书楼，改造为开放式的新型现代图书馆，成为传播新文化、新思想的重要场所。在图书馆学发展史上，李大钊被《世界图书情报百科全书》尊为"中国近代图书馆学之父"。

二十二、非常岁月

自此之后，字为"守常"的李大钊进入他的"非常岁月"。

1918年12月，李大钊与陈独秀等人创办了一个周期短、政治色彩更加鲜明的刊物《每周评论》。他以《新青年》《每周评论》为阵地，发表了大量战斗檄文，密切配合了当时的新文化运动。从李大钊发表文章的日期，我们可以看到他基本上一天发表一篇文章，有时甚至发表两篇到三篇。李大钊成为新文化阵营的领袖之一、新文化运动的伟大旗手。

1946年，周恩来在与李勃曼的谈话中说道："《每周评论》《新青年》都是进步读物，对我的思想有许多影响……我的思想从赞成革命走向社会主义。"

在新文化的传播过程中，李大钊批判封建婚姻制度，以马克思主义唯物史观的立场，批判封建宗法思想，以《废娼问题》《理想的家庭》《失恋与结婚自由》等文章，全面而系统地对婚姻、家庭问题进行科学阐释；提倡婚姻要以爱情为基础，实行真正的一夫一妻制；弘扬中华民族养老、尊贤、孝亲的传统伦理美德。

1918年1月，北大校长蔡元培为整饬校风，引导师生进德修身，发起组织北京大学进德会，李大钊加入并被评为甲种会员、纠察员。他秉持中华优秀的文化美德，尊重妻子，教她识字读书，帮她做家务；赵纫兰全力支持丈夫革命，夫妻相濡以沫，患难与共。李大钊虽是名重当时的高端达人，但对乡土之妻举案齐眉，相敬如宾。

在这一革命历史时期，李大钊心境如火灼热，如水清明，精气勃发而精力过人，他交好一切师友同志，孜孜不倦于事业。

1918年9月15日《新青年》，署名李大钊的诗章《山中即景》发表：

一

是自然的美，是美的自然；
绝无人迹处，空山响流泉。

二

云在青山外，人在白云内；
云飞人自还，尚有青山在。

三

一年一度果树红，一年一度果花落；
借问今朝摘果人，忆否春雨梨花白？

随后发表的是《岭上的羊》：

我在古寺门前站立，
山羊的声音，来自天际。
看啊！岭上的羊，
白的掺着黑的，
一个一个的爬上山去。
羊啊！我细听你的声音里：
纤弱带着仁慈，
悲哀含着战栗。
你不曾伤过别的东西，

你不曾害过你的伴侣。
天天只傍着那山水，
吃些草叶或草子。
只有你怕人，没有人怕你。
我不但不怕你，而且怜你；
我不怕你，并且怜你，
就是你的胜利。

经过五四运动的洗礼，马克思主义的传播更加深入广泛，使得资产阶级右翼知识分子十分恼火。为了抵制这种科学的革命思想和新生的革命力量，他们一方面取媚军阀，向反动势力靠拢，一方面公开跳出来开历史的倒车。在这场斗争中，胡适首先发难，他利用陈独秀被捕和李大钊即将离京的机会，于1919年7月发表了《多研究些问题，少谈些"主义"》一文，反对马克思主义传播。李大钊立即写出针对胡适反马克思主义谬论的公开信予以驳斥，还在诗词《山中落雨》中流露心境：

忽然来了一阵烟雨，
把四山团团围住，
只听着树里的风声雨声，
却看不清云里是山是树？

水从山上往下飞流，
顿成了瀑布，
这时前山后山，
不知有多少樵夫迷失了归路。

这首诗形象而含蓄地反映了当年的斗争形势。那时，的确有像胡适那样的新文化运动的"勇士"，在一场反动军阀围剿新文化的"烟雨"中，被他们乱加的"过激派"的叫嚣声吓破了胆；然而，勇士是无畏的，革命家是清醒的。

李大钊在《新纪元》一文中如此发论："人生最有趣味的事情，就是送旧迎新，因为人类最高的欲求，是在时时创造新生活。"

1918年1月李大钊到北京大学后，《新青年》杂志就原由陈独秀个人主办，改由李大钊、鲁迅、胡适等共同编辑了，这样就形成了一个以《新青年》为中心的新文化运动的阵营。他们高举反帝反封建的大旗，掀起了一场轰轰烈烈、波澜壮阔的新文化运动大潮。

1919年春节将近，李大钊回到了他的家乡大黑坨。"大钊回来了！"乡里春雷滚动。时辰不大，村中头面人物罗泰昌、赵芳荣、谷老文、赵焕章、谷省三、徐荆璞、杨志轩等人，相继登门。李大钊门前拱手相迎，把客人让进正房，亲自递烟、献茶，李大钊开宗明义地说："有件事情想和众位长辈议合……"接着把利用华严寺创办新学校的打算，推心置腹地说了出来："中国农村黑暗，农民苦痛的根源是缺乏文化，没有觉醒，致使官绅污吏横行乡里，鱼肉民众。而使民众能够起来解放自己的道路，首先是要办好教育事业，让新文化、新思想，在我们乡村里发扬光大，中国农村觉醒之时，就是中国强盛之日。为此，我提请诸位考虑，华严寺有房有地，不应该只让几座泥胎占着这么宽敞的地方，我们要创建新学堂，让它为我们大黑坨的儿孙造福，为中国培养出更多的栋梁之材……"

众人听后说："拆庙破神，人们怕遭报应，这事恐怕不易啊。"李大钊说："要耐心地向群众解释，要由威望高的头面人物，挨家挨户地说服动员。"

群众被说服感动了。但庙里的僧人广普、广发听到了消息后，暗中四处造谣："推倒神像，大黑坨就要大祸临头了。"

不明真相的群众听后随之动摇。积极分子不听那套鬼话，干脆立即动手；血气方刚的小伙子们再也按捺不住心头火气，他们大声疾呼："什么吃斋念佛，超度众生？我看华严寺已经成了广普爷俩儿的安乐窝了，吃喝嫖赌，哪样少了他们师徒？"

李大钊问清了住寺僧人不守清规、胡作非为的种种事实，立即找到他们面对面地交涉，并警告说，再造谣生事，阻挠办校，就把他们这些佛门败类法律解决。广普等人做贼心虚，恐慌万分，当即败阵认输。他们托人说情，让出了部分门房、殿堂和香火地，时间不长，群众就建成了一所男女兼容的新式学校。李大钊为学校命名"国立大黑坨初等学校"，并亲手写了一副对联贴在大门的两旁："学校造人才为改造社会，读书为做事不是为做官。"

开学的那天，大黑坨全村锣鼓齐鸣，鞭炮连天，古老的华严寺披上了节日的盛装。

第一任教师宁绍先、刘静波，站在学校门前，迎接着第一批来校学习的男女同学。赵素贞、罗国维等女同学也穿戴一新，背着书包，和男同学一起欢天喜地地走进了学校。从此，一所崭新的学校出现在乐亭的大地上，在李大钊的革命精神鼓舞之下，为中华民族培养出一大批革命人才。

从京华到家乡，李大钊的革命足迹无所不在。

二十三、李大钊与毛泽东

在毛泽东的一生中，有这么一个真正意义上的老师，毛泽东发自内心而不无感慨地说："他是我真正的老师，这个人就是李大钊。"

1949年3月，毛泽东率领中共中央机关人员行进在从西柏坡赶往北平的路上。毛泽东愉快地对周恩来讲："今天是进京'赶考'去。"毛泽东远远地看到故都城垣，心中泛起对往事的回忆，他说："三十年了，……三十年前在北平遇到了一个大好人，就是李大钊同志，在他的帮助下，我才成为一个马列主义者。可惜呀，他已经为革命献出了宝贵的生命。他是我真正的老师，没有他的指点和教导，我今天还不知在哪里呢！"

1918年夏，走过多年坎坷求学之路的毛泽东，以优异成绩在湖南第一师范毕业。他与蔡和森等人在湖南组织了一批青年，准备赴法实行勤工俭学。

　　毛泽东和二十多名湖南青年到达北京后，却又平添了几分茫然。他回忆说："北京的生活费对我来说太高了。我是借朋友的钱来的，到了以后非马上找工作不行。"幸运的是，他在湖南第一师范曾从师的著名教授杨昌济，此时已调到北京大学任教。杨昌济先生被毛泽东称为"一个道德高尚的人，给我印象最深的教员"。毛泽东找到杨昌济谈了自己的想法。在杨昌济先生的推荐下，毛泽东幸得了他一生中最重要的机遇：李大钊同毛泽东见面了，他感觉这位操着浓重地方口音的高个子青年，言谈中充满民族情怀，知识很丰富，对时局也有很多独到见解。李大钊很想帮帮这个爱学习、喜思考而生活没有着落的有为青年，于是"利用职权"安排毛泽东担任书记，即图书馆助理员，月薪8块大洋。

　　这时的李大钊其实比毛泽东也就年长4岁，可以说是同龄人，不过李大钊已经名重学界，被尊称为"守常先生"了。他虽然很忙，却对毛泽东的经常登门请教，表现出极大的热心，不仅有问必答而且经常主动向毛泽东推荐新书，介绍一些在各个领域有专攻的名师。毛泽东和李大钊虽只共事三四个月，但实现了思想升华，对其成为一个彻底的马克思主义者起到了至关重要的作用。由于勤奋敬业、谦虚好学，毛泽东深得李大钊器重。

　　在这一时期，李大钊倾心研究、介绍十月革命和马克思主义，先后发表《庶民的胜利》《布尔什维主义的胜利》和《新纪元》等脍炙人口的文章，以饱满的热情把十月革命和马克思主义学说介绍给中国思想界。毛泽东利用工作上的便利，经常和李大钊一起分析、讨论问题，围绕十月革命和马克思主义学说进行探讨。这段经历对毛泽东较为迅速地转变为马克思主义者起了重要的引领作用。毛泽东曾经这样说："没有中国共产党以前就有马克思主义了，如果没有马克思主义，怎么会有共产党呢！那时的李大钊就是宣传马克思主义的，他们的报纸、刊物、书籍都在宣传……"

1919年4月，毛泽东操劳一生的母亲病重，他急忙回到湖南。不久，五四运动爆发，毛泽东在湖南参加了这场前所未有的反帝反封建的爱国运动。他发起成立湖南学生联合会，领导湖南学生开展反帝爱国运动。12月底，毛泽东又组织请愿团到北京，急切地看望了李大钊先生。李大钊向他介绍正在筹备成立马克思学说研究会的有关情况，介绍了许多共产主义文献和关于俄国革命的书籍，希望毛泽东好好研读。李大钊还同毛泽东商谈了关于组织青年学生去俄国勤工俭学的有关事宜；随后几天，还介绍毛泽东加入了"少年中国学会"。在李大钊的热心引荐下，毛泽东有幸结交了更多的"志同道合的朋友"，如刚刚建立马克思学说研究会的发起人邓中夏、高君宇等。

两次赴北京的经历，对毛泽东可以说是刻骨铭心，他回忆说：我第二次到北京期间，读了许多关于俄国情况的书，有三本书建立起我对马克思主义的信仰，马克思和恩格斯的《共产党宣言》、考茨基的《阶级争斗》、柯卡普的《社会主义史》。到了1920年夏天，在理论上而且在某种程度的行动上，我已成为一个马克思主义者了，而且从此我也认为自己是一个马克思主义者了。这即可说明，李大钊是毛泽东一生中最重要的领路人。

之后的岁月里，毛泽东和李大钊经历了更加密切的交往和合作。1923年6月，在中共三大会议上，为推动第一次国共合作、建立革命统一战线而共同努力。1924年1月，在国民党一大会议上，两人配合默契，使反对国共合作的提案被轻易否决。尤其是1926年5月，毛泽东出任第六届农民运动讲习所所长，李大钊极为赞赏，并在各个方面大力支持。

毛泽东在建党初期由倾心工人运动而转向重点开展农民运动，应该说与李大钊对他的影响有着很大的关系。毛泽东还在北京大学图书馆工作的时候，李大钊就把走十月革命道路的目光盯向了农村。他在1919年2月发表的《青年与农村》一文中，热切地号召有志青年到农村去，帮助农民求解放。他发表的《土地与农民》一文，更是深刻论述了中国历史上平均地权的运动、农民在中国的重要地位和解决农民土地问题的重大意义，提出了"耕地农有"的主张，指出了农民的要求以及如何在农村工作。这些文章对于毛泽东后来高度重视农民问题、倾心农民运动并探索出农村包围城市的理论，无疑产生了重要影响。应该说毛泽东对"农民问题乃中国革命的基本问题"这个事关中国革命成败的重大理论、问题的探索和杰出贡献，与建党初期李大钊的引导和启发有着十分密切的内在关联。李大钊回乡，将那座华严寺改办为新式小学，便是一次成功的农民运动，也是农民革命实践斗争的尝试。

二十四、毛泽东话李大钊

毛泽东在1936年与美国记者埃德加·斯诺谈话时说："我读了六年孔夫子的书，又读了七年资本主义的书，到1918年才读到马列主义。"又说过："我在李大钊手下担任国立北京大学图书馆助理员的时候，就迅速地朝着马克思主义的方向发展。"毛泽东后来还曾经这样回忆："在我第二次游北京时，我读了许多关于俄国近况的书籍，并且热烈地搜寻当时能够找到的中文共产主义著作……到1920年夏天，在理论上——某种程度也在实践上——我成了一个马克思主义者。"

接着毛泽东以他浓重的湖南口音，讲了很多难忘的细节：

图书馆在红楼，具体工作是在第二阅览室（日报·新闻阅览室），登记每日报刊和阅览人员。他和李大钊往来相当密切，上午在阅览室工作，下午到李大钊办公室外边的一间会议室，帮助李大钊拆看公文和信件。李大钊和青年毛泽东在一起，深切地看到"新青年的创造能力"。毛泽东谦虚地向李大钊学习他那渊博的知识、最科学的思想——马克思主义。李大钊积极推动马克思主义的研究、宣传，在他的倡导、影响下，北大成立了各种介绍新思潮的团体，具有进步倾向的社团也如雨后春笋。李大钊主持的图书馆，大批购进介绍马克思主义的书刊。毛泽东利用这一有利条件，抓紧学习，旁听讲课，阅读大量书籍，积极参加各种学会和学术活动，接受马克思主义，世界观迅速朝着共产主义方向转变。

对于毛泽东来讲，这是一个信息爆炸，知识密集，新思潮铺天盖地而来，营养吸收堆金积玉的时期。毛泽东对斯诺还说："我每月可以领到一大笔钱，8块大洋。"

刚到北京的一段时期，生活窘迫的毛泽东不得不住在杨昌济先生家里，与看门老人同住一室。根据时任北大教授的梁漱溟回忆：当时他每次去杨先生家里，都见到一个大个子湖南人来给他开门，这个人就是毛泽东。后来，毛泽东搬出去，和另外7个湖南同学租房住，8个人分挤在一张大床上"隆然高炕，大被同眠"。在毛泽东自传中他回忆说：我自己在北京的生活是十分困苦的，我住在一个叫三眼井的地方，和另7个人合住一个小房间，我们全体挤在炕上，连呼吸的地方都没有，每逢我翻身都得预先警告身旁的人。

当时的北大代理校长蒋梦麟晚年回忆道：毛泽东到北大图书馆当"书记"，是我代理校长的时期。李守常跑到校长室说："毛泽东没有饭吃，怎么办？"我说为什么不让他仍旧办合作社？他说不行，都破了产。我说那么图书馆有没有事？给他一个职位好啦。他说图书馆倒可以给他一个书记的职位。于是我拿起笔来，写了一张条子，派毛泽东为图书馆书记。毛泽东被安排在第二阅览室，负责新到的报刊和阅览人姓名的登记，工作性质与今天来京务工的打工仔差不多，每月才8元薪俸自然也不高，那时候李大钊的月薪为120元，胡适为200元，陈独秀为300元，当时是单身的毛泽东每月8块大洋也足够衣食住行了，而且大部分时间还可以用来看书。

1920年7月，李大钊又先后被北京其他4所大学聘任为教授，他与毛泽东未了的缘分，就又有了接续；也在此时，毛泽东带着杨开慧到北京找李大钊。正值湖南人民再次掀起反对军阀张敬尧的驱张斗争，运动来势猛烈，大有蔓延全国之势。北洋政府非常害怕，因此在北京早已加强了戒备。为了声援湖南人民的正义斗争，北京各界人士和各院校的师生都在积极行动，准备声援。

毛泽东到了北京之后，向李大钊汇报了湖南反张斗争的详细情况。李大钊立即和毛泽东、杨开慧商议了声援湖南人民反张运动的具体部署。在李大钊、毛泽东等人的指挥下，一场声援湖南人民反张斗争的游行示威，在北京轰轰烈烈地开展起来了。示威由毛泽东亲自指挥。学生队伍和敌人发生了正面冲突，敌人把斗争锋芒直接对准了毛泽东。毛泽东进到一座庙里，敌人探知是他带头示威闹事，立刻发出通缉令，到处捉拿。

李大钊带领毛泽东、杨开慧来到了石驸马后街友人黄裕培的家里，直言不讳地说："润芝是我的同事，开慧是他爱人。我把他们送到你这儿来，一、你要负责他们二位的安全；二、管吃、管住；三、想办法送他们出京，拜托二位啦！"

"守常兄，毛先生，你们能到我家来，这是信得过我。请放心吧！"

黄裕培的夫人马实华也拉过杨开慧的手亲热地说："欢迎你到寒舍来，家里条件不好，请多包涵。"

毛泽东夫妇和黄家夫妇很快成了无话不谈的好朋友。他们谈论政局，聊家常。毛泽东和杨开慧还抱起黄裕培的爱子黄忠、爱女黄勤，要逗嬉戏。直至完全安全的一天，黄先生才备好了马车，送毛泽东夫妇出城，一桩佳话也盛传至今。

二十五、五四"救陈"与相约建党

1919年1月，李大钊写出《新纪元》一文，发表在《每周评论》第三号上，并参与发起成立北京大学俱乐部。3月，在李大钊指导下，由邓中夏、许德珩、黄日葵发起"平民教育讲演团"，并在《北大日刊》上发表征集团员启事。3月16日，李大钊当选为北京大学学余俱乐部庶务干事。5月1日，他在《晨报》副刊"劳动节纪念专号"上发表《五一节杂感》。

震惊中外的历史时刻来到了，5月4日这一天，巴黎和会作出由日本接管德国在中国山东特权的决定。消息传来，群情激昂，舆论沸腾。当日下午，北京学生3000余人在天安门集会，会后举行游行示威，高呼"外争国权、内除国贼"的口号。队伍行进到赵家楼曹汝霖住宅时，痛打了匿身曹宅中的章宗祥，火烧了曹宅。李大钊是这次运动的组织者和领导者之一。当天，学生32人被捕，他作为北大教职员联合会代表与学生联合会一起全力营救。

5月9日，北大校长蔡元培辞职，10日，李大钊作为教职员代表之一，前往教育部要求挽留北大校长蔡元培。6月11日，李大钊到城南游艺园散发《北京市民宣言》。陈独秀因散发宣言，被北洋政府逮捕。李大钊和全国进步力量发起了"救陈"活动。

那天，陈独秀约北大王星拱、程演生二位教授和一位叫邓初的朋友，去新世界的浣花春川菜馆吃晚饭，饭后，陈独秀、高一涵和邓初到新世界撒传单，王星拱和程演生到城南游艺园撒传单。

陈独秀等人哪里知道，头天他们在中央公园散发传单，已被军警发现。陈独秀来到新世界屋顶花园，趁下层露台正放电影，把传单从上面撒下，正准备撒走，突然有一人拦住一身白西装的陈独秀，表示要一张传单看看。一向粗心大意的陈独秀当真从西服口袋里摸出一张给了他。那人诡秘一笑："恭候先生多时了。"一摇手，几个密探就扭住了陈独秀。为了掩护高一涵和邓初，陈独秀故意挣扎，并大吼："看哪，密探无故捕人哪！"高、邓二人急忙闪进戏园的观众中，得以脱身。

包括胡适在内的许多人都赶到李大钊家商量营救陈独秀之策，罗章龙也赶来了。胡、李和罗章龙研究决定，尽快向报界披露陈独秀被捕的消息，造成强大舆论压力，其次借助学生力量，掀起请愿活动。胡适提议由他奔走旅京的安徽同乡会等组织，警察总监吴炳湘等安徽乡党。胡适又去段祺瑞处求情，以图救出陈独秀。6月23日，由胡适暂时接办了《每周评论》，担任主编。他连夜写了《威权》一诗，抗议反动当局。

事态朝着李大钊的期望发展。望着桌上一大堆各界为陈独秀请愿的信函，连铁腕人物段祺瑞也脑袋发涨，束手无策。最让段祺瑞心急如焚的是，为南北议和，大总统派去上海见孙中山的代表许世英，被孙中山骂得狗血喷头：你们逮捕了陈独秀，做了好事，足以使国人相信，我反对你们是不错的。

1919年9月16日，经过李大钊等人的努力营救，在全国舆论的压力下，北洋政府被迫同意陈独秀保释出狱。

五四运动为中国共产党的成立作了思想上和干部上的准备。1920年初，李大钊、陈独秀等开始了建党的探索和酝酿。

李大钊在《团体的训练与革新的事业》一文中指出：我们现在还要积极组织一个团体，这个团体不是政客组织的政党，也不是中产阶级的民主党，乃是平民的劳动家的政党。

建立无产阶级政党，得到了共产国际的有力支持和具体帮助，苏联多次派代表来中国，李大钊就先后接见过布尔特曼、鲍立维、荷荷诺夫金等人。1920年4月，维经斯基一行来到北京会见了李大钊，一起商议有关中国建党问题，达成一致意见后，李大钊介绍维经斯基到上海去会见陈独秀。陈独秀就党的名称写信询问李大钊，李大钊明确提出，叫"中国共产党"。党的名称是李大钊和陈独秀一起决定下来的。

1920年8月，陈独秀发起组织的第一个地方党组织——上海共产主义小组，在法租界环龙路老渔阳里2号成立。

1920年11月7日，上海共产主义小组理论性机关刊物《共产党》月刊创刊，并刊登广告在《新青年》杂志上，第一次在中国公开举起"共产党"的旗帜。

1920年10月，李大钊领导的北京共产主义小组成立，年底，小组改为中国共产党北京支部，李大钊为支部书记。张国焘负责组织，分管职工运动；罗章龙负责宣传，主编《劳动音》。

但是，无论是北李与南陈，都未能亲到1921年7月嘉兴南湖的"红船"上，去主持建立中国共产党的一大。陈独秀未出席的原因是仍被严密监视。但李大钊作为"主要创始人"，却没能亲自参加中国共产党诞生的一大会议，其原因有马叙伦回忆录《石屋余沈》记载：段祺瑞政府半年未给北京各高校发薪，而索薪斗争，开始李大钊是参与者，马叙伦是主要负责人。7月份与段谈判，但马叙伦因病无法出席，众人公推李大钊去谈，因此竟而不能去参加党的一大会议。会议本可延期，但又因邀请共产国际代表已来到，故正常开会。陈独秀虽未参会，但因五四被捕，声名正响，被公推为中央局书记。

二十六、天下义友

李大钊同志一生艰苦朴素，廉洁克己，无私奉献，一心为人民，一心为革命。他同时代的人曾这样描述李大钊："黄卷青灯，茹苦食淡，冬一絮衣，夏一布衫，为庶民求解放，一生辛苦艰难。"北京大学的一张薪水表说明，李大钊任北大图书馆主任，又兼四课教授时，月薪240块银元，完全可以过非常富裕的生活，然而，李大钊家却自爱清贫，夫人赵纫兰还常常因无米下锅而发愁。李大钊把三分之二的薪水用在革命事业上，三分之一还要接济贫困学生和困难同志。校长蔡元培曾命会计科发薪时要先扣除一部分，亲自交给李夫人。李大钊从没有为自己置买过房产，一直租房居住，他指出"物质上不受牵制，精神上才能独立"。他在东城上班，却在西城租房，因西城便宜，中午不能回家吃饭，就自带干粮，一张大饼，两个馒头，就白开水下肚。人们对李大钊不讲排场、常年艰苦生活的作风非常不理解，李大钊语重心长地说："美味佳肴人皆追求，我何尝不企享用，时下国难当头，同胞食不果腹，衣不遮体，我怎忍心？"

他所资助的朋友不是街头乞丐，而是为街头乞丐翻身奋斗的天下君子、天下义友，这些人包括毛泽东、陈独秀、张国焘、周恩来。1919年9月16日，周恩来等天津进步青年成立了觉悟社，李大钊应周恩来的邀请，曾先后三次到天津的维斯理堂为大家演讲并同周恩来等觉悟社青年进行了座谈，群情振奋。

李大钊和文化战线上的主将鲁迅，在民主革命的旗帜下，在血与火的洗礼下，结下了深厚的友谊。在那风风雨雨的岁月里，他们书信往来。仅1921年5月一个月的时间里，书信往来竟达5次之多，由此可见李大钊与鲁迅关系之密切。

一次，在编辑《新青年》的会议上，他们又碰到了一块。会议之后，年长8岁的鲁迅，被李大钊邀到自己的办公室。二人在茶点当中，又谈论起政局来。鲁迅向李大钊说："来我这儿的青年学生们说，你最近讲演的《马克思经济学说》论理精辟，逻辑深沉，很有新的见地，可见你对马氏学说的研究造诣匪浅啊！"

李大钊说："树人兄，我不过是想引导同学们在读书之余多研究一些马克思的学说，使我们中国将来能多出几个真正了解马克思学说的人，使马克思学说在中国放出光彩。此时仅是开始，还请多加指教啊！"

鲁迅点头说："难得，难得。宣传国人要顺应历史，激流勇进，今后，我们要多多交换看法，我的作品将惟弟等贤达马首是瞻！"

李大钊道："树人兄，谁不知你这位当今文坛巨匠文笔惊众，胆识超群。今后我们能取同一步调，同心协力，中国革命的前途定会光明。"

从此以后，李大钊和鲁迅的友谊日益笃厚。在文化战线上，鲁迅不断以他那如椽之笔作刀枪，勇猛地向着敌人营垒呐喊冲杀。

鲁迅不止一次地向人们自豪地表示：我的文学创作是"遵命文学"，"不过我遵奉的是先驱的命令，也是我自己愿意遵奉的命令，绝不是皇上的圣旨，也不是金元和真的指挥刀。"他说那时在李大钊等革命先驱的领导下，"我仅把自己当做听令的小兵"。

他的又一位好友林伯渠在《林伯渠日记》中记载："李大钊是我到日本时最好的朋友，经常寄刊物给我，就依靠这些零碎的一知半解的马克思主义的概念，消灭了我的疑虑，渐渐地把握住真理。"他在为《李大钊选集》题诗中写道："登高一呼群山应，从此神州不陆沉。大智若愚能解惑，微言如闪首传真。"

1918年的初秋，章士钊和夫人吴弱男，忍俊不禁地认下了李大钊的宝贝女儿星华为义女，那种革命家的情谊已是"不可一世"！

在李大钊纪念馆的展厅里，有一条破旧的毛毯，这条毛毯是李大钊送给他的学生——毛泽东的密友罗章龙的。这是一个跨越三代人的故事：1924年，李大钊与罗章龙等人去莫斯科参加共产国际第五次代表大会，其间，罗章龙要赴欧洲参加赤色职工代表大会。李大钊在为罗章龙送行时，看见罗章龙衣着单薄，便拿出自己仅有的一块毛毯送给了他。事后，罗章龙看见毛毯端刺绣有蔷薇文字，知是出自李夫人之手，屡次想要退还，终未如愿。李大钊牺牲后，罗章龙更加珍惜这条毛毯，作为传家宝留给后人。

罗章龙老人回顾自己与李大钊朝夕相处、共同战斗的经历，回忆李大钊伟大的思想和高尚的人格，仍然不禁感慨万千。1980年罗章龙还写诗凭吊："万安公墓夕阳明，满目蒿莱碣石横。雷霆无声天宇净，山河并寿李先生。精禽衔石苦经天，风雨同舟济巨川。道义平生师与友，人民怀念千万年。"2001年，罗章龙的儿子罗平海、孙女罗雨笙将毛毯赠给了李大钊纪念馆。

李大钊革命征程步步走来，与战友、朋友、同志、义友的过从太多，不可数计！

二十七、李大钊与孙中山

早在1919年的新文化运动期间，李大钊曾通过林伯渠向孙中山介绍十月革命和俄共的情况，后来又介绍共产国际的代表马林到广西拜访了孙中山。李大钊对孙中山有了一定的了解，这就为以后国共建立联合战线及合作奠定了基础。

1921年中国共产党成立，面对帝国主义、官僚资本主义和封建主义三座大山的强大势力，迫切需要解决的是要扩大革命的阵营，建立联合战线。当时李大钊根据共产国际的指示精神，提出了推动中国建立"民主联合战线"的主张，认为通过共产党员加入到国民党中去的合作方式，组成和壮大革命的统一战线，从而改造松散的国民党，共产党员在其中还可保持相对的独立性。

在1922年年初，列宁在远东各国共产党及民族革命团体第一次代表大会上，向中国参会的国共双方表达了从中国民主革命的任务出发，希望国共两党联合起来，共同斗争。

1922年6月，陈炯明与北洋军阀勾结，在广州发动武装叛乱，这使孙中山深刻认识到其政党缺乏真正的革命依靠力量及坚实的群众基础，利用一个军阀去打倒另一个军阀，必然导致失败，因此改造中国必须寻求新的办法和依靠新的力量。此时，中共中央发表了《中国共产党对于时局的主张》，声明中共应与中国现存的政党国民党共同建立一个民主主义的联合战线。

1922年7月中共二大召开，通过了《关于"民主的联合战线"的议决案》。8月，中共中央在杭州西湖召开的特别会议上，通过了共产党员以个人身份加入国民党的决定。陈独秀、李大钊、蔡和森、张国焘、高君宇、张太雷和共产国际的代表马林等出席了这次会议。马林传达了共产国际关于坚决主张共产党员以个人身份加入国民党的指示。陈独秀、张国焘、蔡和森等对共产国际的主张提出了不同意见。李大钊支持共产国际的建议，他说国民党是一个松散的组织，共产党员很容易加入进去，来改变国民党的策略。他多次接触孙中山先生，深知孙中山的思想与性格，认为中山先生不容易接受"党外合作"的方式，共产党员以个人身份加入国民党，是目前实现联合战线行之有效的方法。

在党的高级会议上，李大钊虽然据理说服其他同志可以个人身份加入国民党，但绝不意味着是盲目服从。他主张中共与国民党合作后，应保持自身的独立性，保持自己的组织和报纸，并应继续在工人中建立自己的活动和组织中心。他指出：中国国民党怀着民主主义理想，十余年来与恶势力战斗……从今以后我们要扶助他们，再不可取旁观的态度。最后，会上多数人基本接受了他"党内合作"的主张意见。此后，中国领导人陈独秀、李大钊等接连发表文章，对"党内合作"的必要性、客观条件与策略问题作了深入阐述，为中共三大的召开做了思想上、政治上的准备。此外，李大钊在北方成立了以共产党员和国民党左派为骨干的国民党组织。为了促进国共合作的早日实现，李大钊在思想上、理论上帮助孙中山改组国民党。

1923年4月，李大钊在中共机关刊物《向导》上发表了《普遍全国的国民党》一文，他强调："中国现在很需要一个普遍全国的国民党，国民党应该适应这种需要。"1923年6月，中国共产党第三次全国代表大会在广州召开。李大钊坚决主张共产党员以个人身份加入国民党之要求，以建立或壮大各民主阶级的革命统一战线。

中国共产党以国共合作为基础的统一战线政策正式形成以后，李大钊到上海与孙中山先生会面，详细协商国共合作问题，从此，两人建立了深厚的革命友谊。

宋庆龄曾有过这样的描述："孙中山特别钦佩和尊敬李大钊，我们总是欢迎他到我们家来……孙中山在见到这样的客人后常常说，他认为这些人是他的真正革命同志。他知道，在斗争中他能依靠他们明确的思想和无畏的勇气。"孙中山阅读过不少李大钊的文章，他称赞李大钊的《布尔什维主义的胜利》等宣传列宁十月革命的文章，是对革命的科学论断。他们还在一起共同讨论振兴国民党、国共合作、振兴中国等一系列重大问题。此时的孙中山真正认识到共产党才是最可靠的朋友，坚定了与共产党合作的决心。

李大钊在孙中山的主盟下，最先加入国民党，给其他中共党员起到了带头与示范作用。

1922年8月，李大钊引见苏联政府代表越飞会见了孙中山。1923年1月发表了《孙文越飞联合宣言》，这标志着孙中山联俄政策的正式确立。随后，李大钊代表中国共产党帮助孙中山改组国民党。借在广州召开中共三大之机，孙中山邀请李大钊会面，商谈了国民党的改组和广东革命政府的外交等问题。10月被孙中山任命为五人小组委员会之一的李大钊，再次被邀请赴沪商讨国民党的改组事宜。同年年底，孙中山与李大钊再度在广州具体研究有关国民党第一次代表大会的筹备工作，在广州发表了《中国国民党改组宣言》。

1924年1月，国民党在广州召开了第一次全国代表大会，孙中山作为总理担任大会主席，李大钊被推选为大会主席团五名成员之一，当选为国民党中央执行委员，帮助孙中山做了很多工作。李大钊在国民党一大上阐明了自己的明确观点："我们加入本党……是想为国民革命运动而有所贡献于本党的，不是为个人的私利。""本党总理孙先生亦曾允许我们仍跨第三国际在中国的组织，所以我们来参加本党而兼跨固有的党籍，是光明正大的行为，不是阴谋鬼祟的举动。"

国共合作以后，李大钊受孙中山的委托，作为国民党北京特别执行部的主要负责人，负责北方地区国民党的工作。李大钊在北京成立了国民会议促成会，于1925年3月1日召开全国代表大会。中共和共产国际帮助国民党创建黄埔军校和国民革命军，为革命军队培养造就了一批军政人才；开展工农运动，帮助国民党在广州创办了六届农民运动讲习所等，使初建时期的国民党有了较快的发展，国共合作有了一定的成效。

孙中山与李大钊，这两位国民党与共产党的创始人的革命友谊，以及他们交往与合作，是中国革命历史的辉煌篇章。

二十八、李大钊与蔡元培

李大钊和著名教育家蔡元培的深厚友情，是在新文化运动中发展起来的。

1916年冬天，蔡元培从欧洲考察学习回国后，任北京大学校长。他倡导民主与科学精神，对北大进行了卓有成效的改革，使北大成为新文化运动的中心，五四运动的发祥地。

1918年1月，蔡元培聘请李大钊到北大担任图书馆主任。李大钊利用《新青年》发表了大量宣传马克思列宁主义的文章。蔡元培对陈独秀、李大钊等人主办的《新青年》非常支持，李大钊在北京大学如鱼得水。

1919年的五四运动，李大钊是主要组织者和领导者之一。因反动当局的重压，蔡元培于5月9日愤然离校，反动当局趁机另派校长。李大钊和北大教工代表坚决反对另派校长，挽留蔡先生，使蔡校长于同年9月12日重返北大。

1920年3月，李大钊为了使广大青年能够更好地学习研究马克思主义，他发起组织了马克思学说研究会，得到蔡元培的支持。在校长办公室举行的成立大会上，李大钊发表了演说，蔡元培讲了话，并决定把西斋宿舍中两间宽敞的房子，作为学会的活动场所，这就是"亢慕义斋"——共产主义室。从此，马克思学说研究活动在北大更加活跃起来。

1922年3月，北京大学成立了评议学生事业委员会，李大钊任委员长。同年12月，李大钊担任了校长室秘书，成了蔡校长的得力助手。李大钊也利用这一机会，进行多方活动。当时中国共产党早期活动家邓中夏、高君宇、蔡和森等，常来这里聚会。李大钊又通过蔡元培的介绍，派去了6名共产党员到当时的交通部下属的津浦、京绥、京奉、正太和陇海铁路任职，开展工人运动。

二十九、李大钊与邓培

1927年4月28日，李大钊在北京遭奉系军阀张作霖杀害。在此前6天，中国铁路工人运动的先驱、中国工人运动的杰出活动家邓培在广州被国民党新军阀杀害。中国共产党中央委员会对李大钊、邓培等同志的遇难表示深切的悼念。1927年6月27日，在中共中央致第四次全国劳动大会的信中写道："本党李大钊等同志在北京之死难，汪寿华等同志们在上海之死难，邓培、李森、刘尔裕等同志们在广州之死难，杨昭植等同志们在湖南之死难，其惨烈当为中国工人阶级及本党永远不忘之事。"

李大钊和邓培同一年牺牲，生前有过长期不寻常的革命情谊。李大钊是邓培的革命引路人，在李大钊的教育帮助下，邓培从一个普通的产业工人成长为坚定的共产主义者。

邓培生于1883年，广东省三水县（今属广东佛山）人。他自幼过着饥寒交迫的生活，14岁时就离家到天津一家机器厂当学徒。1912年邓培发起组织了唐山工党，发表了《唐山工党宣言书并简章》，1912年8月间，唐山工党加入中华民国工党成为支部。1919年爆发了五四运动，邓培的爱国热情空前迸发出来，领导京奉铁路唐山制造厂工人举行政治罢工。

李大钊是河北省乐亭县人，唐山是他的故乡。李大钊曾亲自到唐山进行过社会调查，与邓培和开滦煤矿的工人谈过话，给邓培留下了深刻的印象。

1920年3月，李大钊在北京大学成立了马克思学说研究会，4月间，李大钊派研究会成员、北京大学学生罗章龙到唐山，与邓培建立了联系。李大钊的话深深打动了邓培的心。邓培在5月1日利用工余时间集合了几百工人，开了一个纪念会，在工人心中播下了革命的火种。以后，李大钊就经常派代表到唐山来，还把《共产党宣言》和《新青年》《共产党》杂志以及一些通俗的进步书刊送给邓培阅读。李大钊发表在《每周评论》上的文章《唐山煤厂的工人生活》，大声疾呼："这个炭坑，仿佛是一座地狱。这些工人，仿佛是一群饿鬼。""工人的生活，尚不如骡马的生活；工人的生命，尚不如骡马的生命。""唐山煤厂的工人，约有八九千人，这样多数工人聚合的地方，竟没有一个工人组织的团体"，因而发动的罢工"没有效果"。李大钊发表在北京《晨报》上的文章《现代青年活动的方向》提出，现在世界上最悲惨的人就是那些劳动的人，所以"我们要打起精神来，寻着那苦痛悲惨的声音走，我们要晓得痛苦的人，是些什么人？痛苦的事，是些什么事？痛苦的原因，在什么地方"，然后"大家一起消灭痛苦的原因"。邓培感到这正是多年埋藏在心里的话，如今才找到了指路的明灯。李大钊那种"唯知跃进，唯知雄飞，唯知本其自由之精神，奇僻之思想，敏锐之直觉，活泼之生命，以创造环境，征服历史"和"不敢辞其辛苦，殚精瘁力以成之"的奋斗精神，在邓培中心树起了高大的形象。

1920年12月底，邓培在北京共产主义小组领导下，根据李大钊提出的劳工阶级、无产阶级联合起来的思想，建立了京奉铁路唐山制造厂同人联合会，担任会长。1921年秋，邓培转为共产党员。1921年9月，李大钊在北京领导成立了北方劳动组合书记部，邓培和北方的一批工人运动领袖人物都先后成为北方劳动组合书记部的领导成员。

李大钊派邓培作为中国产业工人的代表参加中国代表团，至苏联参加共产国际召开的远东各国共产党及民族革命团体第一次代表大会。1922年1月21日～2月2日，在莫斯科开会期间，邓培倾听了共产国际的报告，同时代表中国产业工人在大会上报告了中国的工会、铁路和冶金工人罢工的情况，受到了列宁的接见。列宁以亲切的态度双手紧握着邓培的手说："铁路工人运动是很重要的。在俄国革命中，铁路工人起过重大的作用，在未来的中国革命中，他们也一定会起同样的或者更大的作用。"

1922年8月，经李大钊批准，建立了中共唐山地方执行委员会，邓培任书记，李大钊曾多次接见邓培。10月13日，邓培领导京奉铁路唐山制造厂3000余名工人举行8天的大罢工，取得了重大胜利。10月23日，邓培领导发动了震惊中外的开滦五矿3万余工人同盟大罢工，坚持斗争25天，沉重打击了帝国主义和反动军阀政府，把第一次工运高潮推向高峰。在开滦矿工罢工期间，邓培于10月27日，又领导了唐山启新洋灰公司800名工人的罢工，英勇战斗了20天之久。

1922年12月，邓培在唐山领导建立了京奉铁路职工总会，并当选为委员。1923年6月12日～20日，李大钊和邓培作为中共北京区的代表，一同出席了在广州召开的中国共产党第三次全国代表大会，李大钊当选为中央执行委员会委员，邓培当选为候补执行委员。1925年10月，中共北方区委和李大钊决定邓培担任中共北方区委委员、全国铁总委员长。1927年2月，邓培当选为全国铁路总工会执行委员，直到1927年4月在广州牺牲。邓培是在党和李大钊的培养教育下成长起来的，与李大钊结下了深厚的战斗情谊，与李大钊同年就义。

三十、李大钊与冯玉祥

李大钊非常重视党的统一战线工作。他在南方帮助孙中山改组了国民党，在北方积极争取、帮助冯玉祥。这对当时冯玉祥倾向革命、同情中国共产党、发展北方革命运动起到了决定性的作用。

1924年10月，冯玉祥发动北京政变。李大钊根据党的决定，亲自做冯玉祥及其手下高级军官的工作，并把一些同志派进国民军中去，在国民军第二、三军中，都有共产党员担任副官或其他职务。经过李大钊等人的介绍，冯玉祥结识了苏联驻华大使加拉罕和苏联顾问鲍罗廷。为实现孙中山的"联俄、联共、扶助民工"三大政策，冯玉祥请苏联政府派人帮助训练军队，其中有中国共产党参加。冯玉祥在同李大钊的接触和交往中，思想发生了很大变化，两人建立了亲密的友情。他回忆当时的情况说："我们的接触，越来越亲密，于是我的思想和许多政治方面的见解也慢慢起了变化。"

冯玉祥的大刀队在北京常以"维护秩序"为名，保护群众的集会、游行，对付段祺瑞军警的破坏和镇压。1926年，段祺瑞制造了"三一八"惨案，冯玉祥马上派兵解除段的卫队武装，对他们镇压群众表示抗议。不久，奉系军阀张作霖进攻北京，国民军准备撤离，冯玉祥的一个旅长到李大钊住处，恳求保护李大钊出京避危，李大钊因革命工作不肯离去，这个旅长只好很惋惜地走了。

1926年9月后，李大钊派史可轩、邓希贤（邓小平）、刘景桂（刘志丹）、陈延年、宣侠父、安子文等一批共产党员去做政治工作。冯玉祥对共产党人的工作深为钦佩，称赞他们"有热心、有毅力、有才干"，"办事有精神"，"工作有特殊成绩"。

1927年5月，冯玉祥兵临潼关，惊闻李大钊惨遭反动军阀张作霖杀害，国民军广大官兵"悲愤万状"，冯玉祥"哭之甚哀"，他当即发追悼电，深切悼念李大钊的壮烈牺牲，声讨帝国主义及其走狗的罪行。电文称李大钊为"中国自五四运动以来新思想界的泰斗"，"在北方指导国民革命运动最忠实最努力和最有力量的领袖"。他的牺牲，"系为中国一切被压迫民众利益而牺牲，一切被压迫民众，应深深的哀此伟大的革命导师"。为此，他召开全体官兵追悼大会，并在其潼关总部所在地树碑纪念李大钊等烈士。碑文如下：

何故被绞杀兮？为革命。何处被捕兮？于苏联大使馆所在之北京。何物残忍置诸同志于死地兮？帝国主义的刽子手张作霖。何人主谋凶杀兮？帝国主义倡首的日与英。我方率军东来兮，师次潼关。凶耗惊传兮，黄河流水为之呜咽。三军齐下泪兮，万众号啕。为大多数被压迫民族而痛哭兮，非为同志而寿天。死我同志兮，增我灭敌之决心！革命潮流终不被绞杀兮，将复为之激荡而高涨与奔腾！人孰不死兮？死有异同。二十位同志之死，为世界工农。革命者的肉体虽可死兮，其精神永留被压迫人民心中！后死者之责任兮，起来向贼猛攻！继死者之志愿而奋斗兮，达到革命成功！

冯玉祥于潼关

三十一、李大钊与胡适

胡适是一位信仰自由主义思想的民主主义者，可这并不影响他与一些共产党人的友谊，他不仅与中共创始人陈独秀保持了终生的友谊，与中共的另一创始人李大钊亦是挚友。

1930年，《胡适文存》第三集出版，扉页上题词——纪念四位最近失掉的朋友：李大钊先生、王国维先生、梁启超先生、单不庵先生。胡适在公开出版的著作上，将李大钊名列第一予以纪念，正值蒋介石千方百计剿灭共产党之时。而李大钊不仅视胡适为知己，还给予了足够的尊敬，自己的文章经常请胡适提意见、修改。比李大钊小2岁的胡适是北大英文学、英文修辞学、中国古代哲学三门学科的教授，风头正健。而此时李大钊仅是北大的一名职员、图书馆主任，其影响无法望胡适之项背。但胡适的性格与为人决定了他对李大钊这位新同事的态度。更为重要的是，二人对当时现实社会的认识与观点的一致。他们都注重自身人格道德的修养，1918年都参加了由蔡元培发起组织的"进德会"；二人都对底层劳动群众抱有深深的同情和关怀；都反对复辟帝制和专制政治，赞同民主；都主张要改造中国传统文化，努力用新文化代替旧文化；都主张解放妇女，遵守道德婚约……

李大钊发表《国民之薪胆》一文，主编《民彝》，呼吁全国人民进行不懈斗争。李大钊历数甲午中日战争以来，日本对中国的侵略："中国者，为吾四万万国民之中国，苟吾四万万国民不甘心于亡者，任何强敌，亦不能亡吾中国！"指出："多难兴邦，殷忧启圣。"他说，敌人有强暴的陆军，我们有不怕牺牲的血肉；敌人有坚巨的战舰，我们有团结奋斗的决心！"海枯石烂，众志难移。"我们只要痛自砥砺，振作志气，发扬"卧薪尝胆"的精神，"勿灰心，勿短气，勿轻狂躁进，困心衡虑，蕴蓄其智勇深沉刚毅果敢之精神，磨炼其坚忍不拔百折不挠之志气"，"举国一致，众志成城"，就一定能保卫自己的锦绣江山，一定能击败凶恶的敌人。李大钊的文章慷慨激昂，满腔热血，极富鼓动性，胡适读后，心潮澎湃，热血沸腾。

1917年3月，在美国留学的胡适得知俄国爆发了二月革命，遂在日记中写道："俄国或终成民主耳。此近来第一大快心事。"

亦是这年3月，章士钊创办的《甲寅》杂志上，发表了李大钊的《俄国大革命之影响》，热情讴歌俄国二月革命是一出"壮快淋漓之活剧"，说二月革命，"影响所及于吾国并世界之政治前途，关系绝非浅鲜。"它不仅"洗涤俄国政界积年之宿秽"，而且是"间接以灌溉吾国自由之胚苗，使一般官僚耆宿，确认专制之不可复活，民权之不可复抑，共和之不可复毁，帝制之不可复兴"。呼吁在俄国革命的影响下，"厚我共和政治之势力"。

地球两侧的一对未曾谋面的留学生，在对待俄国二月革命的态度上是如此惊人的一致，真乃英雄所见略同！

李大钊和胡适不仅在政治问题方面有着较多一致的认识和看法，而且在妇女解放问题方面也有着一致的观点。

《美国的妇人》是胡适在北京女子师范学校所作的讲演稿，胡适专门把长达万言的讲稿送李大钊审阅。李大钊读后非常赞赏，请求胡适在《新青年》刊出之前，先在他主持的《言治》季刊上发表，胡适同意了。李大钊为了慎重起见，发表时还在该文末后写了一段跋，跋中说："适之先生这篇演讲稿写成，持以示我，谓将寄登某杂志。我读之，爱不忍释。因商之适之先生，在本志发表。我的意思，以为第一可以扩充通俗文学的范围，第二可以引起国人对世界妇女运动的兴味，第三可以为本志开一名家讲坛的先例，为本志创一新纪元。"

1917年7月1日，《言治》第三册出版。李大钊的态度无疑向世人宣告了自己在妇女解放问题上与胡适的立场是站在同一条战线上。他们二人不仅在解放妇女问题上思想观念一致，而且在行动上也为世人树以榜样。

有着洋博士学位的胡适，4岁丧父，遵循母命，娶的是一个大自己1岁、一字不识的农村小脚女子江冬秀；因她嫁了一代名人胡适，成为胡夫人，所以成为传统社会中无数不幸妇女中的幸运者。唐德刚说："胡适大名垂宇宙，夫人小脚亦随之。""胡适的小脚太太"成了民国史上的"七大奇事之一"。

李大钊娶的农村姑娘赵纫兰，同江冬秀一样是旧式女子。

李胡二人都是喝洋墨水的"海归"，回国后先后担任中国最著名大学的教授，收入不菲，尤其胡适，然而，他俩都做到了"富贵不能淫""糟糠之妻不下堂"。

胡适与李大钊的政治争论，起始于1919年7月20日《每周评论》上发表的胡适的政论文章《多研究些问题，少谈些"主义"》，但这丝毫没有影响他们之间的友谊，直至李大钊被奉系军阀张作霖杀害；而胡适则以行动证实着与李大钊的友情。论战后，在胡适的日记中，有很多这样的记载："守常来谈政事""守常约吃饭""守常来商量""与守常谈"……

直至李大钊牺牲后，赵纫兰要求北大继续发放50元薪水，8月26日，周作人给胡适一信，说李大钊长女李星华要将李大钊遗书出卖，蒋梦麟提议由大家集资买下，寄赠图书馆以作纪念，希望胡适帮助办理此事。这两件事，胡适一一照办。

1933年，赵纫兰带着子女来到北京，求助胡适、蒋梦麟诸人及北京大学安葬李大钊事宜。胡适垂泪允诺，为安葬事奔忙。胡适与蒋梦麟一面带头各捐款20元，一面发动李大钊生前友好、同事捐款，购置墓地。是年4月23日，在北京为李大钊举行了公葬。在众多挽联中，其中一条格外令人难忘："南陈已囚，空教前贤笑后死；北李如在，哪用我辈哭先生。"在蒋介石与共产党争夺天下的枪炮声中，学者们公开为共产党创始人举行公葬，是需要勇气的！

1934年刘半农去世，仍有胡适挽联曰："守常惨死，独秀幽囚，新青年旧友，而今又弱一个"（上联），证明李胡友谊，未有竟时。

三十二、李大钊与章士钊

章士钊曾任北洋军阀段祺瑞政府的司法总长兼教育总长，李大钊是中国共产党的主要创始人。这两位经历迥然不同的人物之间，却有着特殊的一段交往。

章士钊，字行严，1881年生；22岁时，担任进步刊物《苏报》主笔，24岁流亡日本，成为孙中山、黄兴的策士。章曾得到过袁世凯的青睐，邀他担任北大校长，章婉拒。当袁世凯的反动面目暴露后，他撰写了"讨袁檄文"。讨袁运动失败后，章士钊再亡日本，在东京创刊《甲寅》杂志。中国共产党的两位主要创始人"南陈北李"，都与章士钊创办的《甲寅》杂志有着密切联系。李大钊则因《甲寅》杂志，结识了章士钊，成为挚友，广泛地接受革命党人的影响。

1913年，李大钊东渡日本，看到《甲寅》杂志即将出版的广告后，马上做了一篇题为《风俗》的文章，章士钊读后，"惊其温文醇懿，神似欧公，察其自署，则赫然李守常也"。

1917年，章士钊和李大钊都已回到中国，章在北京大学任教授，讲授逻辑学，并兼任北大图书馆馆长。在李大钊进入北大之前，章士钊在北京又创办了《甲寅》日刊，邀请李大钊和高一涵担任日刊主笔。李大钊放弃了正在筹备的杂志，全身心地投入到《甲寅》日刊的编辑与写作之中。正如章士钊后来所说的："守常在日刊所写文章较吾为多，到馆办事较吾为勤。"

李大钊已经从事马列主义的传播，章士钊自动把馆长一职让给李大钊。1918年5月，他应邀南下，担任护法军政府秘书长，后又被任命为南方"和议"代表，出席"南北议和"。从此，章士钊与李大钊走上了完全不同的人生旅程。

中国共产党诞生后，章士钊在共产党人身上看到了中国的前途和中华民族的希望。1914年，李大钊给章士钊写信说："仆向者喜读《独立周报》，因于足下及率群先生，敬慕之情，兼乎师友。"信的末尾，李大钊因怕冒犯章士钊，竟不署大钊，仅署名守常。章、李两家的关系更加亲密。李大钊是章士钊三个孩子的家庭教师；李大钊的大女儿李星华则是章士钊夫人吴弱男的义女。李大钊还写过一首《赠吴弱男》的诗："暗沉沉的女界，须君出来作个明星，贤母良妻主义么？只能改造一个家庭。妇女参政运动么？只能造就几个女英雄，这都不是我所希望于君的。我愿君努力作文化运动，作支那的爱冷恺与谢野晶子。"

1927年春，张作霖军阀政府逮捕了李大钊，激起了一片抗议之声，不仅学界同仁纷纷声援，政界名流如章士钊、杨度等也倾力营救。章士钊四处奔走，多方设法，重托和张作霖有私谊的潘复向张说情，称李大钊"学识渊博，国士无双"，请求爱惜人才，早日释放。

李大钊牺牲后，章士钊悲伤不已："伤哉守常！我老而无似，诚愧对此宅心长厚之良友已！"当时的急务是安葬死者，北大同事梁漱溟、蒋梦麟等和友人章士钊、吴弱男夫妇出手相援，购买棺木寻找庙宇存放，并对李大钊夫人赵纫兰和子女加以抚慰，筹措生活费用。李大钊被安葬在北京的万安公墓，是北大校长蒋梦麟出面购置的墓地，墓碑则由刘半农撰写。

大钊、士钊，情感后人也！

三十三、李大钊与邵飘萍

李大钊与邵飘萍作为志同道合的同志，共同反对丧权辱国的"二十一条"，一揭一呼，掀起"倒袁护国"运动；在五四运动中，他们既是舆论的先导，又是运动的直接发动者和支持者。在马克思列宁主义传播史上，他们是两位先行者；"三一八惨案"后，二人均被奉系军阀杀害。李大钊和邵飘萍，一位学者、革命家和一位新闻战线上的无冕之王，都是传播马克思列宁主义的先驱。

1915年，李大钊与邵飘萍都是反对"二十一条"、发动五四运动、"倒袁护国"运动的主将。

邵飘萍，1886年10月11日出生在浙江东阳大联镇紫溪村的一个寒儒家庭。辛亥革命后，与杭辛斋共办《汉民日报》。邵飘萍具有非凡的新闻敏感，早在1912年1月就发表时评，戳穿了袁世凯的心机："帝王思想误尽袁贼一生，议和、停战、退位、迁廷，皆袁贼帝王思想之作用耳。清帝退位，袁贼乃为达操、莽之目的，故南北分立之说，今已隐有所闻矣！……袁贼不死，大乱不止，同胞同胞，岂竟无一杀贼男儿耶？"

1913年，"二次革命"失败后，邵飘萍入狱，罪名是"扰乱治安"和参与讨袁。出狱后到日本暂避，在日本留学生集会上，由章士钊介绍结识了李大钊。两人由相识而相知，李大钊亲笔撰写了《警告全国同胞书》的电文，震撼着中国大地，李大钊又编印了《国耻纪念录》，发表了《国民之薪胆》一文，参加了由"中华学会"和"乙卯学会"合并组织的"神州学会"，通过邵飘萍与李大钊"倒袁护国"

的一"揭"一"呼",有力地推动了倒袁运动。

1916年春,邵飘萍回上海,为《申报》《时报》《时事新报》执笔,在《时事新报》发表了著名的时评《预吊登极》:"京电传来,所谓皇帝者,不久又将登极。呜呼!皇帝而果登极,则国家命运之遭劫,殆亦至是而极矣!"他坚决支持蔡锷反袁护国,两年里他写了250多篇、总计22万多字的"北京特别通讯"。1918年7月,邵飘萍创办了我国最早自办的通讯社——北京新闻编译社。10月,他又创办了大型日报《京报》并任社长。李大钊2月返回日本,发表了著名的《民彝与政治》一文。一个"革命家"李大钊和一个"无冕之王"邵飘萍,二人一往无前,走上了共同的救国救民之路。

1919年,五四运动爆发,李大钊是重要的领导者之一。从社会知名人士的直接参与而论,当首推邵飘萍,他是五四运动舆论制造者。如《请看日本朝野与山东问题》,尖锐指出"山东存亡问题,就是全国存亡的问题",呼吁"全国同胞应该一齐惊醒"。邵飘萍又是五四运动的直接发动者。5月3日晚,在北京大学召开的13所中等以上学校学生代表会议上,邵飘萍慷慨陈词,呼吁青年学生:"现在民族危机系于一发,如果我们再缄默等待,民族就无从挽救而只有沦亡了……应当挺身而出,各校同学发动起来,救亡图存,奋起抗争。"讲演者声泪俱下,群情达到高潮。被称为"不眠之夜"的"五三晚会",直接鼓舞了五四爱国斗争行动的生成。

邵飘萍紧随五四运动直到胜利。他在"五三晚会"后回到报馆,连作《北京学界之愤慨》和《勖我学生》两文。在《勖我学生》一文中,他透露出一个即将改变中国命运的消息——五四运动的大潮就要来临了。他创办的《京报》先后发表了《外交失败的第一幕》《速释学生》《为学生事警告政府》等一系列引人瞩目的文章,政府以"扰乱京师治安""《京报》侮辱政府"之罪名,向全国下令通缉,邵飘萍第二次亡命日本,其思想迅速从自由民主主义向马克思主义方向转变。1920年7月回国恢复《京报》后,发表了大量介绍和宣传苏俄的文章和译文,如《俄国大学生与革新运动》《俄罗斯青年改造运动之一时代》等。经李大钊、罗章龙介绍，1925年春邵飘萍加入中国共产党。李大钊、邵飘萍均参加了1926年的"三一八"运动。运动遭到政府军警镇压，死伤多人。邵飘萍当夜写成《世纪空前惨案》的檄文，向社会揭露了军阀段祺瑞政府的罪状。在惨案发生后12天内，共发表113篇有关消息、评论和通电。4月15日，奉系军阀下达通缉令，邵飘萍、李大钊均在内。4月22日他在《京报》上发表了绝笔《飘萍启事》，24日因叛徒出卖被捕，26日在天桥东刑场就义，年仅40岁。李大钊1927年4月6日被捕，28日就义，不足38岁。大钊飘萍，殊途同归。

三十四、李大钊与刘清扬

李大钊是革命教育家，他把青年看作"国家之魂"寄予厚望，引导一大批青年走上了革命道路。中国革命早期的著名活动家刘清扬就是这些青年人中的一员。

刘清扬，女，生于1894年，天津人，参加过同盟会的革命活动和五四爱国运动，后又组织成立天津女界爱国同志会，并和周恩来、邓颖超等一起发起组织觉悟社。1921年加入中国共产党。1924年1月，她和邓颖超、李峙山创办《妇女日报》，被向警予称为"中国沉沉女界报晓的第一声"。

1917年，刘清扬等天津进步青年组织爱国讲演会，请李大钊到天津讲演。李大钊分析了国际国内形势，指出：英美各国企图分割亚洲各国领土，向亚洲落后国家进行政治、经济、文化侵略。亚洲各国应该团结起来，共同御侮。这些话深深震撼了爱国青年，礼堂内"楼上下都无插足之余地"，"鼓掌声如雷动"。刘清扬在回忆这一经历时诚挚地说：天津青年接受李大钊先生的爱国主义教育最早，印象也是特别深刻。

天津"觉悟社"于1919年9月16日成立，刘清扬是这一组织的主要领导者之一。9月21日，李大钊再次来到天津公开讲演。他指出"十月革命是世界上无产阶级劳工的胜利",号召"中国人民的反帝反封建爱国运动必须坚持到底!一不承认一切卖国条约和密约;二是实行民族独立自决;三要打倒卖国贼和一切危害人民的人。"李大钊对觉悟社的性质和作用给予肯定,对于男女青年联合组织"打破隔阂地团结起来尤为赞许"。他穿一件蓝长衫,外罩黑色马褂,和十几个社员挤在一间小房子里,像一家人热烈地交谈。对他们出版的《觉悟》表示赞成并给予鼓励。他向社员们讲"庶民的胜利",建议社员们认真阅读《新青年》等马克思主义学说。

"觉悟"社员以《白话文学》《学生的根本觉悟》《工读主义》《妇女解放》等为题进行讨论,传阅了李大钊在《新青年》上发表的《庶民的胜利》《布尔什维主义的胜利》和《战后之妇人问题》,还有《我的马克思主义观》,从李大钊的文章中接触到布尔什维主义和马克思主义,从《布尔什维主义的胜利》中,更加了解列宁的主张。

1920年8月,在觉悟社成立年会上,周恩来报告了天津青年学生参加救国运动的经验和教训。会后,刘清扬等11位觉悟社成员到北京征求意见,李大钊对觉悟社的主张极表赞同。

8月16日,座谈会在北京陶然亭慈悲庵北配殿举行,刘清扬报告开会宗旨。李大钊提议各团体有标明本会主义的必要,"盖主义不明,对内既不足以齐一全体之心志,对外尤不足与人为联合之行动。各团体间,以后似应有进一步的联络"。赤旗下的青年,组织一个打破一切界限的联合,"到民间去"。此后,革命的种子开始萌芽,刘清扬很快成长为中国先进妇女的代表。觉悟社决定刘清扬等社员赴法勤工俭学,李大钊委托赴法执教的北京共产主义小组的张申府在法发展党的组织。张申府于1921年2月介绍刘清扬入党,并与刘清扬结婚。

1924年5月,李大钊率中共代表团赴莫斯科参加共产国际第五次代表大会,刘清扬为代表团成员之一。李大钊冒着被反动政府缉拿的危险,与王荷波、罗章龙、刘清扬、彭述之四位代表秘密出发。

李大钊、刘清扬等四人坐在一辆车里,但装作陌生人。刘清扬因是女人,代表证都藏在她身上。经过12天的奔波,代表团历尽艰险到达了莫斯科。李大钊赶写关于中国革命工作的报告；刘清扬也要写一个报告，征求李大钊的意见。李大钊告诉她，从辛亥革命到五四运动，以至建党以后各个阶段的妇女革命斗争的情况都可以写，一定很动人。报告经李大钊修改后交给共产国际东方妇女部部长。

会后，李大钊又与刘清扬等五位代表一起在莫斯科工厂、孤儿院等处参观了两个半月。刘清扬在革命路上迈进的过程中得到了李大钊的热心帮助，他是革命导师又是忠厚长者。李大钊就义后，她写了许多文章痛切缅怀。

三十五、李大钊与杨扶青

李大钊与杨扶青同是河北省乐亭县人，李比杨大两岁，他们在学生时代就成为密友。1913年冬，李大钊在东京秘密组织了"神州学会"，杨扶青参加了这一爱国组织。

杨扶青看到日本实业发达，国力富强，回国后立即与同乡张子伦等人酝酿，想在昌黎县创办一处食品罐头公司来发展民族工商业。他写信给李大钊，李大钊立表赞同。杨扶青从国外引进了先进的技术和设备，创建了"新中罐头公司"，品牌"赤心"。1919年7月李大钊回乡度假时，杨扶青兴致勃勃地领着李大钊参观，拿出新设计的商标图案请李大钊指点，李大钊见是一颗红心上写"赤心"二字，称赞说："好！含意深邃，予人启迪。"深为自己的好友能在家乡施展抱负而高兴。

在李大钊从事革命活动遇到困难的时候，杨扶青非常关心，再三表示，革命有需要，定全力相助。1924年5月，因反动军阀政府缉捕，李大钊到昌黎五峰山避难。党给李大钊送来密信，让他作为中共的首席代表，到莫斯科参加共产国际第五次代表大会，3天内启程。白色恐怖笼罩，很难短期内筹足经费。李大钊找到杨扶青，杨写了一信，在哈尔滨的分庄提取了500块银币。

各地拘拿李大钊的海报文书已下达，杨扶青不怕牵连"共产党要案"的罪名，解囊相助，还亲自掩护李大钊安全离开军警密布的昌黎县城，赴苏参加会议，真是战友情怀。

1927年4月，李大钊被捕后，杨扶青冒着生命危险四处奔走设法营救。惊闻李大钊殉难，他化悲痛为力量，矢志完成李大钊同志未竟的事业。在此后的岁月中，杨扶青为我国的革命事业做出了很多贡献。

三十六、李大钊与开滦工运

李大钊积极投身于中国工人运动，对开滦工人运动给予了极大关注。他揭露开滦资本家剥削工人的残酷性，创办工人刊物，建立工人夜校，启发开滦工人的阶级觉悟，影响和推动开滦党组织的建立，总结开滦工人运动的经验教训，肯定开滦工人运动在中国工人运动史上的历史地位。

1912年，由英国资本控制的开平煤矿，与中国资本经营的滦州煤矿合并成中英合办企业，包括唐山、赵各庄、林西、马家沟、唐家庄等矿，到1922年，矿工共5万人。1919年3月，李大钊发表《唐山煤厂的工人生活》一文，无情地揭露了开滦资本家剥削工人的残酷性："他们终日在炭坑里作工，面目都成漆黑的色。人世间的空气阳光，他们都不能十分享受。这个炭坑，仿佛是一座地狱。这些工人，仿佛是一群饿鬼。有时炭坑颓塌，他们不幸就活活压死，也是常有的事情。他们每日工作八小时，工银才有二角，饮膳还要自备……"

李大钊痛斥开滦工人不如骡马："在唐山的地方，骡马的生活费，一日还要五角，万一劳动过度，死了一匹骡马，平均价值在百元上下，故资主的损失，也就是百元之谱。一个工人的工银，一日仅有二角，尚不用供给饮食，若是死了，资主所出的抚恤费，不过三四十元。这样看来，工人的生活，尚不如骡马的生活；工人的生命，尚不如骡马的生命了。"李大钊对开滦资本家罪恶的深刻揭露和对开滦工人生存状况的极大同情，唤起了工人对资本家的憎恨和对自己命运的关注，促进了开滦工人的觉醒。

李大钊积极创办工人刊物，建立工人夜校，启发开滦工人的阶级觉悟，号召知识分子到劳动群众中去，强调"要想把现代的新文明，从根底输入到社会里面，非把知识阶级与劳工阶级打成一气不可"。他帮助开滦工人建立夜校，向工人灌输革命思想，创办了工人刊物《劳动音》和《工人周刊》。《劳动音》的主编是邓中夏，《工人周刊》的主编是罗章龙，李大钊曾担任编委会常委。两刊大量介绍和报道国内外工人罢工和劳动情况，以及各地工人受奴役的痛苦生活，向工人宣传马克思主义的基本原理、十月革命道路和无产阶级专政的学说。《劳动音》于1920年11月7日发表了皆平的《唐山煤矿葬送工人大惨剧》一文，对这年10月14日开滦唐山矿九道巷瓦斯大爆炸致使430多人惨死井下的人间悲剧作了全面报道，对矿方草菅人命、不顾矿工死活的做法进行了无情的鞭挞。《工人周刊》《工人常识》《工人谈话》《工人之声》等栏目，专门刊载来自工人的要求和呼声。

1921年冬，李大钊指导北京党组织成员邓培、李树彝在唐山西新街2号创办了唐山工人图书馆，秘密藏有马克思主义著作和《新青年》《劳动周刊》《工人周刊》《先驱》等革命刊物。他们从中国讲到外国，讲十月革命，讲罢工，讲列宁，讲李大钊，讲《工人周刊》《先驱》……1922年6月，开滦唐山矿工人成立了大同社，在邓培的帮助下，建立了开滦矿务局第一个党组织，第一批中共骨干6人：李星昌、只奎元、邓汝明、李长顺、谢作先、陈子云。

1925年10月，邓培担任中共唐山地方委员会书记、唐山地方执行委员会委员长职务，被公认为唐山工人运动的杰出领袖。李大钊在《新青年》上发表《五一运动史》一文，系统地介绍了五一劳动节的来历和无产阶级为实行八小时工作制而斗争的历史，号召中国的劳动同胞"将今年五一作一个觉醒的日期"。中国共产党成立后，李大钊号召："望大家愤起，把已有的职业团体改造起来，没有团体的职业也该速速联合同业，组织起来。"还派中共北京区委代表罗章龙和北方劳动组合书记部代表王尽美，特派员彭礼和、吴先瑞、李梅羹、王德周、梁鹏万等人，与中共唐山地委代表邓培和开滦五矿工人俱乐部代表一道，组织领导罢工斗争。

李大钊与中共北京区委和劳动组合书记部支援开滦罢工斗争，在《工人周刊》《晨报》刊物上详细报道罢工情况，向社会各界、参众两院议员和中外记者介绍工人斗争情况，揭露敌人残杀工人的暴行；联络了一部分国会议员，联名向军阀政府提出质问和施加压力。11月，在各矿工人被迫复工后，李大钊还为善后事宜做了大量工作。罢工结束后，李大钊主持北京区委会议，总结开滦五矿大罢工的经验教训，认为"在近代中国革命史上，实具极重大的政治意义"。邓中夏等人认为"开滦罢工的失败，主要是工会组织不够健全，罢工准备不够，和书记部领导不力"。张国焘和蔡和森认为直系军阀派军队前往唐山"是北方军阀镇压工人的第一声"。李大钊则认为这是英国方面的压力，会议决定："不管外力和军阀用什么严厉的手段对付罢工，我们只有领导工人，再接再厉地争取组织和罢工的自由。"

开滦工人运动与李大钊的革命影响及实践紧密地联系在一起。李大钊启蒙开滦工人运动，影响和推动开滦工人运动的发展，在开滦工人运动史上留下了光辉的一页。

三十七、中国革命的使者

1921年7月，李大钊作为重要发起人之一创建的中国共产党成立。他没有在烟雨如织的南湖"红船"上主持会议，而是在北京政府国务院请愿，为教工讨薪遭军警毒殴，据史料载：

> 本日各校同学千余人，复偕同马次长及各校校长、教职员冒雨续行到院请愿，自上午九时迄下午四时，始终拒绝不见。同人坚求放人，不意门前密布之军警，即用枪柄肆行殴

打，并往来追击，当时血肉横飞，惨不忍睹。北京大学校长蒋梦麟受伤不能行动；法专校长王家驹，北京大学教授马叙伦、沈士远头破额裂，血流被体，生命危在旦夕；李大钊昏迷倒地，不省人事；此外，受重伤者三十余人，轻伤者百余人。似此野蛮横暴虽土匪盗贼何以如此。同人痛愤之余，恨不能与万恶政府拼命于新华门前，特据情飞电奉闻，同人誓奋余生，作最后奋斗以殉我神圣教育。

李大钊在流血，先驱们在战斗。他一直都在为中国的前途命运奉献一切，履行着自身肩负的救国救民的伟大使命。1922年6月15日，中共中央发表《中国共产党对于时局的主张》，决定"共同建立一个民主主义的联合战线，向封建式的军阀继续斗争"，邀请国民党等革命民主派及革命的社会主义各团体召开联席会议。

1922年7月16日至23日，中国共产党第二次全国代表大会在上海召开，通过了《关于"民主的联合战线"的议决案》，决定与孙中山领导的国民党建立联合战线的方针。李大钊当选为中央委员，负责国共合作工作。

1922年8月后，李大钊受党组织委派到上海会见孙中山，商议国共合作问题。他以精辟见解和坦诚态度，赢得了孙中山的信赖，称李大钊是真正的革命同志。为国共合作成功，李大钊三赴上海、两下广州，日夜奔忙。一份李大钊南北奔走日夜操劳的日程表，翔实地记录了他为民效命的拼搏。

1923年6月，中共三大在广州举行，会议通过了《关于国民运动及国民党问题的决议案》，决定共产党员可以以个人身份加入国民党。李大钊参加了这次会议，当选为中央执行委员。10月19日，孙中山电邀李大钊到上海商谈国民党改组事宜。李大钊在上海与孙中山会见的场景，令全国人民振奋！李大钊在《狱中自述》中写道："先生与我等畅谈不倦，几乎忘食，遂由先生亲自主盟介绍我加入国民党。"

12月25日，中共中央发出了关于帮助国民党改组的通告。1924年

1月20日到30日，国民党一大在广州召开。孙中山邀请李大钊出席国民党一大，请他担任大会宣言审查委员会、国民党章程草案审查委员会、出版及宣传问题审查委员会委员和大会主席团五名成员之一，是当时出席大会的会议代表中担任职务最多的。

在国民党一大上，一些国民党员不接受"跨党"的做法，反对共产党员加入国民党。为此，李大钊在会上发言，进行了解释，印发了《北京代表李大钊意见书》，阐明共产党加入国民党的立场，最终得到了大会的接受。何香凝曾经回忆："李大钊和蔼与诚恳的态度，透明而伟大的言论，一见便使人折服。"

孙中山接受了国共合作，发表了《中国国民党宣言》，提出了联俄、联共、扶助农工的"新三民主义"，宣布与共产党合作，国民革命统一战线宣告成立。李大钊当选为中国国民党中央执行委员会委员、北京执行部负责人。

国民党一大后，李大钊实际上已经成为国共两党在北方地区的最高领导人，他的权力非常大，国民党拨付经费，一汇款就是上万银元，可自行开支。但李大钊始终保持着廉洁奉公、勤俭节约的本色，在当时的从政人员中，能够做到这一点的实在是不多。国民党中有人这样评价李大钊："手中掌管万贯财，公私分明廉与洁。"

1924年6月，中华民族、中国人民的使者李大钊来到莫斯科。《莫斯科工人报》刊登了李大钊接受记者的访问记，精彩的答对令人叫绝。李大钊回答《消息报》记者关于"中国内战"的原因及形势；1924年9、10月份合刊《农民国际》又发表了李大钊的《中国内战与中国农民》一文，指出了战争的性质及农民参加武装斗争的大势。

1924年9月18日，李大钊在克鲁普斯卡娅共产主义学院作报告《帝国主义在中国竞争与中国的内战》，报告以气贯长虹的力度，说明中国人民必得解放的判断。1924年9月23日，李大钊在"不许干涉中国协会"组织的国际大会上发表演说，其演说大气磅礴，雄辩有力。他的形象激情澎湃，声腔激越而刚朗，许多的国际听众，开始在头脑中颠覆对中国人的不佳印象！

　　中共中央决定，李大钊留在莫斯科担任中共驻共产国际代表，并认定这位政治坚定、风度翩翩、神采奕奕、壮志凌云的使者，能够完成伟大的中华之使命。

　　1924年10月25日，成立中共旅莫党团审查委员会，李大钊在旅莫支部大会上作报告《中国最近之政变》，还作了《中国的事变和本团的训练》的讲演。聂荣臻就在莫斯科听过李大钊讲课，他回忆说："1924年10月，我们进入莫斯科东方大学学习，有幸听过几次李大钊同志讲授历史课。他对东方大学培养的这批中国学生很重视，亲自找我们谈话，给我们讲授中国近代史、中苏关系史和国内迅速发展的革命形势。"这些讲演都获得了满堂喝彩。

　　李大钊在莫斯科结识了一批共产国际的新朋友，通过交流，了解世界。1924年6月18日，代表中国共产党出席共产国际五大的李大钊和其他与会代表一起，在莫斯科红场晋谒了列宁墓，成为晋谒列宁墓的第一位中国共产党主要领导人。

　　李大钊为中华民族的前途和命运孜孜探索，殚精竭虑，为中国革命作出了巨大贡献。他培育了毛泽东等一批中国共产党早期杰出的领导者，创立了中国共产党，襄助孙中山，促成了第一次国共合作。他走入世界第一个社会主义国家苏联，向全世界无产者介绍中国共产党和中国革命的伟大事业。李大钊，不愧为觉醒了的中华民族的精英和中国革命使者！

　　1924年10月，冯玉祥领导国民军发动了北京政变，赶走了曹锟、吴佩孚的北京政府。1924年11月，由于北京政变后出现的新形势，中共中央决定，李大钊结束在莫斯科的工作，月底回京。

三十八、李大钊：1924

　　1924年，李大钊的人生岁月进入纷繁之期。

　　党中央成立了中国共产党北方区执行委员会，李大钊负总责。他和赵世炎、陈乔年领导了东到东三省，西到陕西北部，南到直隶、山西，北到内蒙古的广大地区的革命斗争，亲自领导了五卅运动、关税自主、"三一八"运动等多次轰轰烈烈的群众斗争，在中国革命史上写下了光辉的篇章。

1924年1月初，李大钊经上海赴广州参加国民党第一次全国代表大会。李葆华在家门口遭到一伙流氓暴打，流氓还趁机闯进院子，在李大钊的书房乱翻；一天夜里，一条疯狗也闯进院子，咬伤照料光华的奶母。在李大钊去上海期间，他家周遭总有一些不三不四的人转悠，赵纫兰不得不请弟弟赵小峰帮她守家。她既怕家里再生意外，又担心李大钊在外也遭不测。2月间，李大钊到广州开会，家里更无法安定。院里潜进盗贼，房顶还有人走动，只好找人守夜。全家人发现房顶又有响动，并有人跳下的声音，急忙冲到院子里捉贼，贼扔下一块石头，砸碎屋檐下一个绿釉大瓦盆。很明显，这是与警察有"默契"的"盗贼"。李家人坐卧不宁，赵纫兰不得不赶在春节前四处找房。新找的铜幌子胡同甲3号并不理想，但她已无法过多考虑，只求李大钊和全家人平安无事。

1924年春天，李大钊从广州开会归来，顾不得休息，就忙着召集人传达会议精神，赵纫兰又开始为他的身体担忧。不想，光挂记丈夫，小女儿钟华不知什么时候染了白喉，却被误诊成肺炎，因医治失效而夭折。赵纫兰见心爱的小女儿离开人世，伤心得几乎发疯，只是深深责怪自己没有守好女儿。祸不单行，李大钊又受到北洋军阀政府通缉，带着葆华匆匆离京，到昌黎五峰山韩文公祠避难。就在他和葆华离京的当晚，家里遭到军警搜查。赵纫兰见北京再也无法留居，就带着星华、炎华、光华返回了大黑坨。

5月下旬，军警又尾随而来，幸得乡亲们支应过去。赵纫兰遂同李大钊商量，由她出面给李大钊昔日的同窗好友、吴佩孚的总参议白坚武写信，请求取消对李大钊的通缉令。她知道"二七惨案"发生后，李大钊已同白坚武绝交，但她太为李大钊的安全担心。李大钊不同意她这样做，只在一封长信里，捎来了一首哀悼爱女钟华的长诗。信中，李大钊对她语重心长地说："今后再也没有空闲照顾家庭了，你应当坚强起来，不要因为我的生活颠沛流离而焦急，应当振作起来抚养和教育子女。钟华的死确使我很伤心，但从此后，我再也没有闲心想念她了。我为她写的这首长诗，作为对她最后的哀悼吧……"在信的结尾处，他又说："目前统治者的这种猖狂行为，只不过是一时的恐怖罢了。不出十年，红旗将会飘满北京城。看那时，究竟是谁人的天下！"

读着这封信和哀悼钟华的长诗，她热泪盈眶。她知道，这个属牛的丈夫太倔强了，认准的道一定要走到底，是生是死都不在乎。做这样一个男人的妻子，她只有坚强起来，继续担起家庭生活的重担，抚养和教育孩子。

1924年初秋，赵纫兰带着孩子们又回到北京。李大钊的事业在北京，她要让李大钊不管何时回来，北京都有一个家在等着他。于是和李大钊一个朋友在邱祖胡同合租了一所宅院。不久，她接到李大钊从莫斯科寄来的一封信，要她买一些有关太平天国的书寄去，以在东方大学讲课使用，还要她把他的皮大衣捎去。她知道，李大钊准备在莫斯科过冬了。

不久，北京局势发生重大变化。冯玉祥发动军事政变，囚禁了贿选总统曹锟，又电请孙中山北上，废除了对李大钊等人的通缉令。赵纫兰心中充满了喜悦。一个多月以后，李大钊风尘仆仆从苏联赶回北京，出现在她和孩子们面前。见到李大钊，她欲哭无泪，感到了从未有过的心神安宁。

李大钊稍加休整就投身到紧张的革命工作中去了。为争取国民军发展北方革命势力，他和党内一些同志与苏联驻华大使馆密切配合，多次做冯玉祥的工作。孙中山到北京后，李大钊时常探视病重的孙中山，参加国民党的政治会议，帮助孙中山处理一些政治要事。孙中山逝世后，国民党右派势力加紧分裂活动，使得斗争环境更加复杂多变。提心吊胆的日子又回到赵纫兰身边，但她已不再害怕，她知道丈夫是为了国家，为了普天下的穷苦人。

三十九、军事觉醒者

为发展我党独立领导的武装力量，李大钊委派王若飞、宣侠父、魏野畴等人在农民自卫军、工人武装和青年学生中挖掘培养军事人才；他还特别重视对旧军队的改造。

1925年春，李大钊派共产党员谢子长、李象九到陕北安定一带发展革命武装，在石谦部队中建立党支部，使这支武装力量为我党所掌握，并派张兆丰到国民军三军工作，成为著名的共产党人领导的"张兆丰部"。

孙中山逝世后，冯玉祥受到张作霖的排挤，通电全国自行下野，隐居在京郊天台山。1924年到1925年秋，李大钊多次与冯玉祥交谈，要冯玉祥去张家口，以图再举；并安排冯玉祥与鲍罗廷会谈，争取苏联政府在军事上给予援助。

1925年3月21日，苏联政府通过了援助国民军的决议。李大钊一方面帮助冯玉祥实行联俄政策，一方面向这支封闭的旧军队注入新的革命思想，使冯玉祥及将士们倾向国民革命，并安排干部和国民军人去苏联学习。

1926年3月，李大钊安排冯玉祥到苏联参观学习。在苏联，冯玉祥得到蔡和森、刘伯坚等的帮助；他回国时要求刘伯坚一起回国，到国民军中工作。

在李大钊的领导下，党在国民军的工作开展得有声有色，对争取和壮大国民军成为一支革命力量、策应南方国民革命军北伐、打败吴佩孚和张作霖等反动军阀势力，起了很大作用。李大钊关于军事政治工作的理论和实践，已经成为我军建设史上的宝贵财富。

在李大钊的直接领导下，乐亭一中1924年就建立了地下党的组织，已成为革命摇篮，培养了一大批优秀的党、团员，其中多批被选到国内外去学习深造。

一天，乐亭一中党支部书记王德周把学生李运昌和孙洪祥叫到办公室，高兴地说："经李大钊同意，乐亭党组织决定选送你们二位到国外学习，你们同意吗？"

17岁的李运昌立即高兴地说："同意，老师，送我们到哪个学校去学习呀？"王德周笑着说："送你们到苏联，至于哪个学校还不清楚。第一批学生，有的去了东方大学，有的去了中山大学。到北京见到大钊同志后，具体情况就清楚啦！"

李运昌到了北京翠花胡同27号国民党北京执行部，见到了李大钊，李运昌和孙洪祥忙迎上前，恭敬地问候说："大钊同志，您好！"

李大钊和他俩聊起家常，询问乐亭一中和家乡的情况，李运昌、孙洪祥争相回答李大钊的问话。李大钊说："德周同志来京时，计划让你俩去苏联学习，可是你们来晚了一步，这批同志昨天已经乘船出发去苏联了。目前黄埔军校正在招生，我看你们就去黄埔军校学习吧。"二人交换了一下目光，果断地说："我们服从党组织的安排！"李大钊耐心地解释说："去苏联，去黄埔，都是为了革命而学。目前中国革命形势发展很快，需要迅速地培养起一大批革命人才。你们毕业之后，是大有前途的。希望你们要珍惜这次学习机会！"

"我们一定努力学习，绝不辜负您对我们的期望！"李大钊看着眼前两位来自家乡的青年人，朗声笑了起来。考试结果公布后，李运昌被录取为黄埔军校的学员，后来为中国人民的解放事业做出了重大贡献。

李大钊是中国共产党内较早认识到武装斗争重要性的领导人，他决心争取冯玉祥及国民军倾向革命，刘志丹、程子华、张宗逊……这些曾在国民党军队中做过兵运工作的共产党员，后来都成长为人民军队的高级将领；他撰写多篇论述军事和战争问题的文章如《中国的内战与工人阶级》《新帝国主义战争的酝酿》等，阐明了中国革命所面对的是武装了的反革命这一重要认识。

1926年3月，中共党组织决定将许多同志调离北京。北京国共两党的领导责任都担在李大钊一人身上。李大钊派一批革命同志赴广州，这批同志原是派往黄埔军校的，在"三一八"惨案中有几人牺牲了，后因蒋介石策划了"中山舰事件"，李大钊遂转派这批同志赴广州农民运动讲习所。

国民军第二军在直奉军阀联合进攻下溃败，为了保存和培养党的力量，李大钊和中共北方区委派史可轩等军事骨干到苏联学习军事。其"枪杆子里面出政权"的信念，已趋同于毛泽东。

四十、被捕前后

1926年"三一八"惨案之后，北京处在严重的白色恐怖之下，段祺瑞执政府以"假借共产学说，啸聚群众，屡肇事端"为由，下达了对李大钊的通缉令，北方的政治形势日益恶化。许多同志纷纷劝说李大钊离开北京，而国共两党需要有人主持北方工作，他婉言谢绝了。

为了保存革命力量，李大钊把国共两党在北方的领导机关迁到东交民巷苏联大使馆西院的原俄国兵营内。

奉系军阀张作霖到达北京后，和直系军阀段祺瑞相互勾结，大肆逮捕杀害进步人士，就连带有某些进步色彩的报纸主编，如《京报》创办人邵飘萍、《社会日报》社长林白水等也都惨遭杀害。所以当时人用"萍水相逢百日间"来描写张作霖进关后的白色恐怖。但李大钊早已把生死置之度外。

"三一八"惨案发生时，李大钊险遭不测，到后半夜才回到家中，叮嘱了赵纫兰几句话，又匆匆离去。次日清晨，穿着灰色长衫的便衣警察布满了李家的房前屋后。李大钊又被通缉，赵纫兰意识到，一年多安稳的时光结束了，等待她的又是担惊受怕的日子。李大钊坚持留在北京继续战斗。张作霖到北京后，获悉李大钊的行踪，立刻颁布了逮捕令。李大钊在苏联驻华大使馆营区继续主持北方国共两党的领导工作。赵纫兰又有孕在身，她几次劝他听从党中央安排，去南方工作，但李大钊坚持留在最危险的地方战斗。

1926年7月，南口的战斗更加激烈，国民军渐渐不支，形势十分危急。李大钊仍然不退，积极争取冯玉祥并为冯玉祥制定"进军西北，解围西安，出兵潼关，策应北伐"和"固甘援陕，联晋图豫"的策略。9月16日，冯玉祥部队到达五原，宣布参加北伐，任国民革命军联军总司令，9月17日誓师授旗，史称"五原誓师"，有力推动了北伐战争的进展。

1926年12月，赵纫兰生下小儿子欣华。因李大钊不便回家，她把欣华抱到苏联驻华大使馆营区，让李大钊与新出生的小儿子见了面。欣华满月以后，就交给奶母照料，她带着两个女儿住进苏联驻华大使馆营区。

在李大钊的积极领导下，北方党组织和革命力量不断发展壮大。但这时，李大钊的处境也越来越危险了，他的活动遭到了敌人的严密监视。张兆丰送给李大钊一支手枪，李大钊一直带在身边，做了最后的准备，却不思避险。

1927年4月6日的清晨，宽敞的苏联大使馆西院兵营旧址像往常一样平静，然而一墙之隔的围墙外边，却是鬼影幢幢，形迹可疑的人比往常又增了许多。同志们在白色恐怖的笼罩之下，显得平静而坚定。李大钊让同志们把重要文件清理好后，有的烧毁，有的放在28号小门里边的炸药包上，并精心接好电引火，准备一旦情况紧急，立即引爆炸毁。与此同时，他还抓紧时机练习手枪射击。这个可爱可敬的"憨头"百灵，是要做最后一搏！

早饭后，李大钊对赵纫兰说："今天天气很好，你们娘俩快到外面玩玩吧！"

赵夫人答应着，带着光华到兵营那边去散步。李大钊在里屋办公，星华坐在外屋。忽然传来"啪啪"刺耳的枪声，接着传来嘈杂的人声。星华着急地问："爸爸，怎么回事？"

"没什么，不要怕。星儿，跟我到外边看看吧。"李大钊说着，不慌不忙地从抽屉取出手枪，带着星华向屋外走去。到了院子，见从隔壁庚子赔款委员会那边跳进不少人来，把人们追得东藏西躲，李大钊见状立即带星华趸进一间小房子里，把手枪上好子弹。他看了看28

号小门里装着电钮的文件，有人刚刚引爆。一群歹徒荷枪实弹，口里喊着："不准放走一个！"接着闯进了小屋。他们用黑洞洞的枪口对准李大钊，喊了声："不准动！"两个匪徒立刻泼熄正在燃烧的文件，把剩下的部分抢走。

交通员闫振山被两个侦探带进屋来，他头发蓬松，衣服破碎，脸色苍白，满身血迹，一见便知是刚刚受过酷刑。一个便衣侦探凶狠地指着李大钊问闫振山："你认识他吧？"

闫振山看了看李大钊，无力地摇了摇头，表示不认识。站在旁边的一个胖侦探头目，洋洋得意地走过来："哼哼！你不认识他？我可认识，他就是李大钊，给我搜！"立刻蹿过来几个军警，先把李大钊手里的手枪抢去，接着把屋里屋外搜了个遍。

李大钊面对歹徒们的凶恶行径非常平静。他知道和这帮匪徒无理可讲，只是面带惨淡的笑容，蔑视地看着他们。

匪徒们七手八脚地把李大钊绑起来，当发现站在一旁的星华时，胖侦探头目一声喝叫："把这个丫头也给我带走！"于是敌人用一条绳子把十几岁的星华也捆了起来。

李大钊被单身监禁在一间狱室里。和他同时被捕的范鸿劼、谭祖尧、谢伯俞等共产党员，以及邓文辉、张挹兰等国民党左派人士共计六十多人。同志们被带到魔窟之后，个个都表现出威武不屈的气节、视死如归的精神。李大钊的女儿李星华，记录下了父亲被捕后的一切：

> ……在高大砖墙围起来的警察厅院里，我看见母亲和妹妹身上沾满灰尘，在警察的看押下蹒跚进来。母亲一见我，几乎哭出声音，一刹那又忍住了眼泪，装作不认识我。我们谁也没说话，各自坐在地上，默默注视着院里发生的一切。
>
> 那些来来往往的警察和宪兵，不时地把一筐筐书报和被褥等物抬进院子，然后往东边去了。我认出其中有很多东西是从我们家抄来的，立刻想起父亲前两天在家里烧文件的情

景，原来父亲早有准备，除了这些书和破烂东西以外，匪徒们是捞不到什么的，只是父亲应该跑掉。

下午约摸四五点钟时，谭祖尧同志的未婚妻李婉玉也被带来了，还有她的妹妹李柔玉。我们一共7个人，都是妇女和孩子，有两个在使馆里工作的保姆，我们叫她们"阿妈"。敌人对我们这几个人不怎么注意，我就慢慢挪动着，和母亲、妹妹凑到一起，小声商量起对策来。

这时从院子东边不知哪个房子里，传出一阵用惊堂木拍桌子的响声，匪徒们显然正在审问被捕的革命者，我们的亲人肯定是受尽了苦刑折磨。想到这些，我的心就像冻僵一样，揪得更紧了。大概是因为敌人忙着审讯，从被押进这座大院里，就没有来过问我们。不知道为什么，我这个平时胆子很小的人，今天反而什么也不怕了，父亲高大的身影总在我眼前浮起，使我浑身增添了力量。我暗暗想，那些匪徒会怎样处置我们呢？一个很幼稚的念头浮现在我的脑海："处死就处死吧！就这样和父亲、母亲死在一块儿，也挺光荣的。"

东方微微发白，几个警察来登记姓名。我们报了事先编好的假名。没过多久，警察提着一盏暗淡的马灯，把我们7个人押到女拘留所内，对我们说："你们就在这儿过夜，不准说话！不准乱动！"女禁子把我们每人周身搜了一遍，临走时，把门上了锁。拘留所的生活开始了。十几天过去了，我们始终没有看见父亲，也无从打听到他的消息。始终没人来叫我们。一天的上午11点左右，听见警察喊母亲、我和妹妹的名字，说是"提审"。我一边走一边想："不管怎样，这回事情总算有了头绪，不会再装在闷葫芦里了。"

在法庭上，我们和父亲见了面。父亲仍穿着他那件灰色旧棉袍，头发长而乱，稍微遮住他的一部分脸。样子和平常差不多，只是没戴眼镜，脸比从前消瘦了，还是那样沉着，那样平静。

"爹！"我忍不住喊出声来，母亲一下哭得瘫在地上，妹妹也跟着哭起来了。"不许乱喊！"法官拿起惊堂木重重地在桌上拍了一下。"不许乱喊！"他的手下也跟着喊叫。父亲瞅了瞅我们，没有对我们说一句话，脸上的表情非常镇静。

"这是我的妻子。"父亲指着母亲说，接着又指了一下我和妹妹，"这是我的两个女孩子。"

"她是你最大的孩子吗？"法官指着我问父亲。"是的，我是他最大的孩子。"我不知道当时哪里来的机智和勇气，怕父亲不留神说出哥哥来，就这样抢着说。

"不准多嘴！"他的左右也狐假虎威地重复着。

父亲立刻会意了："是的，她是我最大的孩子。我妻子是个家庭妇女，我的孩子们年纪都小，都在上学，可以说他们什么也不懂，一切都与她们没有关系。"父亲说完了这段话，不再说了，又望了望我们。

狡猾的法官不相信我们的话，他皱了皱眉就又想出一个鬼主意，当场出了一道数学题让我算，看我到底是不是学生，我不慌不忙把那道题回答出来了。法官就命令警察："把她们押下去！"

就这样，同父亲见了一面，就又匆匆分别了。想不到这竟是最后一次见面！回到牢房里以后，父亲在敌人法庭上的那种严峻而坚强的态度，长久回旋在我的脑海里。4月28日早上，张挹兰被叫走了，她那天穿得特别整洁、干净，头发梳得也很齐整。我们像往常一样，一整天里都在盼望着她早点儿回来，可是直到黄昏也没见她回来。傍晚的时候，警察第二次喊母亲、我和妹妹的名字，这次是叫我们收拾东西出拘留所。在忙乱中，我帮着母亲，用颤抖的手整理我们的几件破衣服。

我焦急地想知道父亲的情形，低声地问押送我们的人："警官先生，向你打听一下，你知道我父亲……怎样了？"

我的声音不自主地有些发抖，眼睛里充满泪水。

"唉！回去吧，回去以后什么都会知道了。"他用一种哀伤的口吻说。

我们走出那座漆黑的大铁门，回到家里，天已经全黑了……

四十一、狱中自述

李大钊在狱中遭到了敌人的酷刑，他的手指被敌人用夹子夹青、夹烂，敌人对他在精神上的折磨，也无所不用其极。但是，这位伟大的革命者，中国共产党的创始人却以平静的心态、舒缓的笔调写下了《狱中自述》，想是留给亲爱的同志，以及他挚爱的人民：

李大钊，字守常，直隶乐亭人，现年三十九岁。在襁褓中即失怙恃，既无兄弟，又鲜姊妹，为一垂老之祖父教养成人。幼时在乡村私校，曾读四书经史，年十六，应科举试，试未竟，而停办科举令下，遂入永平府中学校肄业，在永读书二载。其时祖父年八旬，只赖内人李赵氏在家服侍。不久，祖父弃世。

钊感于国势之危迫，急思深研政理，求得挽救民族、振奋国群之良策，乃赴天津投考北洋法政专门学校。是校为袁世凯氏所创立，收录全国人士。钊既入校，习法政诸学及英、日语学，随政治知识之日进，而再建中国之志亦日益腾高。钊在该校肄业六年，均系自费。我家贫，只有薄田数十亩，学费所需，皆赖内人辛苦经营，典当挪借，始得勉强卒业。

卒业后我仍感学识之不足，乃承友朋之助，赴日本东京留学，入早稻田大学政治本科。留东三年，益感再造中国之不可缓，值洪宪之变而归国，暂留上海。后应北京大学之聘，任图书馆主任。历在北京大学、朝阳大学、女子师范大学、师范大学、中国大学教授史学思想史、社会学等科。数年研究之结果，深知中国今日扰乱之本原，全由于欧洲现代工业勃兴，形成帝国主义，而以其经济势力压迫吾产业落后之国家，用种种不平等条约束制吾法权税权之独立与自主。而吾之国民经济，遂以江河日下之势而趋于破产。今欲挽此危局，非将束制吾民族生机之不平等条约废止不可。从前英法联军有事于中国之日，正欧、美强迫日本以与之缔结不平等条约之时，日本之税权法权，亦一时丧失其独立自主之位置。厥后日本忧国之志士，不忍见其国运之沉沦，乃冒种种困难，完成其维新之大业，尊王覆幕，废止不平等条约，日本遂以回复其民族之独立，今亦列于帝国主义国家之林。惟吾中国，自鸦片战役而后，继之以英法联军之役，太平天国之变，甲午之战，庚子之变，乃至辛亥革命之变，直到于今，中国民族尚困轭于列强不平等条约之下，而未能解脱。此等不平等条约如不废除，则中国将永不能恢复其在国际上自由平等之位置。而长此以往，吾之国计民生，将必陷于绝无挽救之境界矣！然在今日谋中国民族之解放，已不能再用日本维新时代之政策，因在当时之世界，正是资本主义勃兴之时期，故日本能亦采用资本主义之制度，而成其民族解放之伟业。今日之世界，乃为资本主义渐次崩颓之时期，故必须采用一种新政策。对外联合以平等待我之民族及被压迫之弱小民族，并列强本国内之多数民族；对内唤起国内之多数民众，共同团结于一个挽救全民族之政治纲领之下，以抵制列强之压迫，而达到建立一恢复民族自主、保护民众利益、发达国家产业之国家之目的。因此，我乃决心加入中国国民党。

大约在四五年前，其时孙中山先生因陈炯明之叛变，避居上海。钊则亲赴上海与孙先生晤面，讨论振兴国民党以振兴中国之问题。曾忆有一次孙先生与我畅论其建国方略，亘数时间，即由先生亲自主盟，介绍我入国民党。是为钊献身于中国国民党之始。翌年夏，先生又召我赴粤一次，讨论外交政策。又一年一月，国民党在广州召集第一次全国代表大会，钊曾被孙先生指派而出席，被选为中央执行委员。前岁先生北来，于临入医院施行手术时，又任钊为政治委员。其时同被指认者，有：汪精卫、吴稚晖、李石曾、于右任、陈友仁诸人。后来精卫回广州，政治委员会中央仍设在广州，其留在北京、上海之政治委员，又略加补充，称分会。留于北京之政治委员，则为吴稚晖、李石曾、陈友仁、于右任、徐谦、顾孟余及钊等。去年国民党在广州开第二次全国代表大会，钊又被选为中央执行委员。北京执行部系从前之组织，自第二次全国代表大会后已议决取消。中央执行委员会为全国代表大会闭会中之全党最高中央机关，现设于武汉，内分组织、宣传、工人、农民、商人、青年、妇女、海外等部。政治委员会委员长系汪精卫，从前只在上海、北京设分会，今则中央已迁往武汉，广州遂设立一分会。北京分会自吴稚晖、于右任等相继出京后，只余李石曾及钊。此时南方建设多端，在在需人。目下在北方并无重要工作，亦只设法使北方民众了解国民党之主义，并且增收党员而已。

此外，则中外各方有须与党接洽者，吾等亦只任介绍与传达之劳。至于如何寄居于庚款委员会内，其原委亦甚简单。盖因徐谦、李石曾、顾孟余等，皆先后任庚款委员，徐谦即寄居于其中，一切管理权皆在徐、顾，故当徐、顾离京时，钊即与徐、顾二君商，因得寄居于此。嗣后市党部中人，亦有偶然寄居于此者，并将名册等簿，寄存其中，钊均径自润许，并未与任何俄人商议。盖彼等似已默认此一隅之地，为中国人住居之所，一切归钊自行管理。至于钊与李石曾诸人在委员会会谈时，俄人向未参加。我等如有事与俄使接洽时，即派代表往晤俄使。至如零星小事，则随时与使馆庶务接洽。

中山先生之外交政策，向主联俄联德，因其对于中国已取消不平等条约也。北上时路过日本，曾对其朝野人士，为极沉痛之演说，劝其毅然改变对华政策，赞助中国之民族解放运动。其联俄政策之实行，实始于在上海与俄代表越飞氏之会见。当时曾与共同签名发表一简短之宣言，谓中国今日尚不适宜施行社会主义。以后中山先生返粤，即约聘俄顾问，赞助中山先生建立党军，改组党政。最近蒋介石先生刊行一种中山先生墨迹，关于其联俄计划之进行，颇有纪述，可参考之。至于国民政府与苏俄之外交关系，皆归外交部与驻粤苏俄代表在广州办理，故钊不知其详。惟据我所知，则确无何等秘约。中山先生曾于其遗嘱中明白言之，与"以平等待我之民族，共同奋斗！"如其联俄政策之维持而有待于密约者，则俄已不是以平等待我之民族，尚何友谊之可言？而且国民党之对内对外诸大政策，向系公开与国人以共见，与世界民众以共见，因亦不许与任何国家结立密约。

政治委员会北京分会之用款，向系由广州汇寄，近则由武汉汇寄。当徐谦、顾孟余离京之时，顾孟余曾以万余元交付我手，此款本为设立印刷局而储存者。后因党员纷纷出京，多需旅费及安置家属费，并维持庚款委员会一切杂费及借给市党部之维持费。数月间，即行用尽。此后又汇来数万元，系令钊转交柏文蔚、王法勤等者，已陆续转交过去。去岁军兴以来，国民政府之经费亦不甚充裕，故数月以来，未曾有款寄到。必需之费，全赖托由李石曾借债维持。阳历及阴历年关，几乎无法过去。庚款委员会夫役人等之月薪，以及应交使馆之电灯、自来水等费，亦多积欠未付。委员会夫役阎振，已经拘押在案，可以质证。最近才由广州寄来两千元，由武汉寄来三千元，除陆续还付前托李石曾经借之债，已所余无几，大约不过千元，存在远东银行。历次汇款，无论由何银行汇来，钊皆用李鼎丞名义汇存之于远东银行，以为提取之便。

党中之左、右派向即存在，不过遇有政治问题主张不一致时，始更明显。其实，在主义之原则上原无不同，不过政策上有缓进急进之差耳。在北京之党员，皆入市党部，凡入市党部者，当然皆为国民党员。市、区党员之任务，乃在训练党员以政治的常识。区隶属于市，积若干区而成市，此为党员之初级组织，并无他项作用。北京为学术中心，非工业中心，故只有党之组织，而无工会之组织。在国民军时代，工人虽略有组织，而今则早已无复存在。党籍中之工人党员，亦甚罕见。近来传言党人在北京将有如何之计划，如何之举动，皆属杯弓市虎之谣，望当局悟勿致轻信，社会之纷扰，泰半由于谣传与误会。当局能从此番之逮捕，判明谣诼之无根，则对于吾党之政治主张，亦可有相当之谅解。苟能因此谅解而知吾党之所求，乃在谋国计民生之安康与进步，彼此间之误会，因以逐渐消除，则更幸矣！

钊自束发受书，即矢志努力于民族解放之事业，实践其所信，励行其所知，为功为罪，所不暇计。今既被逮，惟有直言。倘因此而重获罪戾，则钊实当负其全责。惟望当局对于此等爱国青年宽大处理，不事株连，则钊感且不尽矣！

又有陈者：钊夙研史学，平生搜集东西书籍颇不少，如已没收，尚希保存，以利文化。

四十二、入狱之后

李大钊被捕，整个中国乃至世界都为之震动。"九校代表访张学良陈述五点意见"，杨度、章士钊、白眉初、李时等四处奔走，极力营救。尤其是北方铁路工人，欲组成劫狱队，准备劫狱。李大钊在狱中得知之后，坚决劝阻，以减少同志们牺牲。

李大钊在狱中一共是22天，敌人组织多次秘密审讯，但他始终态度从容，毫不惊慌，自谓平素信仰共产主义，侃侃而谈，不愧为革命志士本色，但他对党的机密却只字未露。

威逼不成，敌又继之以利诱。张作霖派杨宇霆用高官厚禄收买李大钊，遭到李大钊的严词痛斥：大丈夫生于世间，宁可粗布以御寒，晚食以当肉，安步以当车，就是断头流血，也要保持民族气节；决不能为了锦衣玉食，就去向卖国军阀讨残羹剩饭，做无耻的帮凶和奴才。弄得杨宇霆无言以对，狼狈而去。李大钊曾在《简易生活之必要》中写道："威武不能挫其气，利禄不能动其心，处固能安其朴素，出亦不易其清廉，俯仰天地之间，全无所于愧怍也。"他的一生正是全无所于愧怍的人生。

在生死存亡的关头，李大钊念念不忘的，仍然是党和为之鞠躬尽瘁的革命事业；他的夫人和孩子同他一起被捕，但"在狱中二十日，绝口不提家事"。他的长女李星华回忆，她们只在法庭上见过父亲一次，"父亲瞅了瞅我们，脸上的表情非常平静，既不愉快，也不伤心。似乎他的心没有放在我们身上。""他是如此地安定沉着"，另一种伟大的力量——对革命事业的坚定信心，"笼罩他的整个精神"。

面对李大钊顽强不屈的坚强意志，敌人无计可施。张作霖对如何处置李大钊，面对汹涌的社会舆论，出现犹豫。蒋介石发来密电："将所捕党人即行处决，以免后患。"

但是，社会上的正义力量还在千方百计地加以营救。4月12日，北京国立、私立25所大学校长召集会议，就李大钊被捕事，议决发表建议书，"希望奉方取宽大主义，一并移交法庭办理"。是日下午，莫斯科10万工人、职员举行示威游行，发表演说，抗议帝国主义勾结中国军阀策划的这一阴谋事件。但是，也恰在此日，蒋介石在上海发动四一二反革命政变。上海的共产党员和革命群众惨遭杀害者三百多人，共产党员汪寿华、陈延年、赵世炎等先后英勇牺牲。

14日，《顺天时报》报道："自李大钊等捕获后，张作霖曾电张宗昌、韩麟春、孙传芳、吴俊升、张作相、阎锡山、吴佩孚七人，征询意见。五电严办，一电法办，阎无复电。"

张宗昌的电报说，李大钊为"赤党祸根"，"巨魁不除，北京终久危险"，"今既获赤党首要人物而不置诸法，何以激励士心"。反动军阀，兽性大发。

曾让李大钊为其书《国体与青年》作跋的曾琦也向张作霖献计，力主"处以极刑"。

李公侠致书张学良，请求宽赦李大钊。《世界日报》报道中列举了十条宽大理由，其中第八条说："且李氏私德尚醇，如冬不衣皮袄，常年不乘洋车，尽散月入，以助贫苦学生，终日伏案面究各种学问……此论奖掖行德，而宜主宽大者八。"

白眉初、李时、武学易、李采岩等三百余人联名呈请释放李大钊："茹苦食淡，冬一絮衣，夏一布衫，所受之辛苦，有非笔墨所能形容者……故公民等以同乡关系，愿保留李大钊之生命……"但是，这些代表正义和真理的声音，在反革命的铁壁黑幕之下是微弱的。

首先是帝国主义支持杀李。李大钊反帝反封建的言论和行动触及了帝国主义的在华利益。他的多篇文章向往俄国十月革命，积极向中国人民宣传马克思主义。"中国人民在近百年来，就是因为被那些侵略的帝国主义践踏摧凌于他的铁骑下面，所以沦降于弱败的地位。忽然听到颠覆世界的帝国主义的呼声，这种声音在我们的耳鼓里，格外沉痛、格外严重、格外有意义。"李大钊在实际行动上，矛头无一不是对准帝国主义和反动封建军阀。他强调说明，中国人民只有打倒了帝国主义才能翻身求得解放。帝国主义者亦无比忌惮和痛恨，必欲除之而后快。因此，当奉系军阀违反惯例进入东交民巷使馆区搜捕李大钊等人时，帝国主义使团非但没有抗议，反而宣称"俄国不在《辛丑条约》签约国之列"。

其二，反动势力的怂恿。竭力反苏反共、充当封建军阀鹰犬的中国青年党此时则充当了帮凶，陈启天率领党徒多人捣毁北平《晨报》馆；帝国主义派头子、反动政客曾琦亲自拜见奉系巨头，说李大钊乃共产党惟一无二之首领，杀之共产党势力必消灭，力主对李大钊等人处以极刑。

其三，奉系军阀对李大钊等革命人士的惧怕和憎恨。李大钊坚决发展"废约运动"和国民会议运动，坚决支持孙中山，联合国民军，打击段祺瑞和奉系军阀。北方革命运动的蓬勃发展，直接威胁了北洋军阀的统治。

最后，蒋介石叛变革命，他对共产党人杀心已定。

四十三、从容就义

1927年4月28日上午10时，京师看守所内外，岗哨密布，戒备森严。荷枪实弹的法警横眉竖目，如临大敌。十多辆由宪兵押护的汽车，靠停在看守所内等候。李大钊、路友于等20名同志被带到现场。警察厅南院总监大客厅前摆设桌案。审判长何丰林，审判官颜文海，法官朱同善、付祖舜、王振南、周启曹，以及卫戍总司令部的执法检察官杨耀曾等人，杀气腾腾案前就座。警、宪、特、护卫人员分立两旁。审判长何丰林惊堂木一拍，问：

"你叫什么名字？"

"李大钊！"

"年龄？"

"38岁。"

"籍贯？"

"直隶省乐亭县人。"

"李大钊，你可知罪吗？"

李大钊从容站立，整了整青布马褂，灰布棉袍，冷冷地答道："连日审问我已说过，我李大钊为社会学者，平素信仰共产主义。学术不分国界，人人有权研究，我自信一向没有背叛祖国贻害民族的行为，请问，何罪之有……"

何丰林高声断喝道："这里是法庭，不是你宣传的讲坛。让他画供！"

"我的供词仅有《狱中自述》一文，必须拿给我看方能画供。"李大钊怒视着审判长，审判长只好将李大钊写的《狱中自述》交给他。李大钊看过，坦然一笑，举笔写下自己的名字。其他19名同志也个个从容不迫，大义凛然。

审判长何丰林历数众人的所谓罪状，装腔作势，声嘶力竭，当他说出"依照陆军刑事条例第二条第七项之规定，判处李犯等20人死刑，立即执行绞决"时，面如黄柏，大汗淋漓。

李大钊等20人分乘6辆汽车，被押至西交民巷京师地方看守所的后院。敌人早已置放桌案，安装了从德国进口的绞刑架。四梁四柱的绞刑架闪着凶光，一根绞绳像毒蛇一样，扭曲着身子垂挂。李大钊微笑着，昂首挺胸，第一个走上绞刑台。视死如归的伟人，于就义之前发表了慷慨激昂的演说："不能因为今天你们绞死了我，就绞死了伟大的共产主义！我们已经培养了很多同志，如同红花的种子撒遍各地！我深信，共产主义在世界、在中国，必然得到光荣的胜利！"

敌人对李大钊怕得要死，恨之入骨。行刑时，丧心病狂地折磨李大钊，绞刑分三次施刑，时间长达28分钟之久，比难友们长了一倍。

随后，其他19名难友相继登上绞刑台。他们的名字是：谭祖尧、邓文辉、谢伯俞、莫同荣、姚彦、张伯华、李银连、杨景山、范鸿劼、谢承常、路友于、英华、张挹兰（女）、阎振三、李昆、吴平地、陶永立、郑培明、方伯务。

他们冷静地看着38岁的李大钊从容就义，他们与李大钊一样从容不迫，视死如归。

四十四、大钊不朽

李大钊就义后，民众无不悲痛，纷纷举行悼念活动，发表纪念文章。《向导》《红灯》悼念文章称他是"最勇敢的战士"。《晨报》报道了李大钊死后家庭状况："身后萧条，两袖清风，夫人回家，仅一元生活费，室中空无家具，即有亦甚破烂。"李大钊一生助人为乐，为革命慷慨解囊，身后无分文积蓄，乃共产党人清正廉洁的典范。

李大钊死后，由于反动派的干涉，灵柩一直停放在北京宣武门外的妙光阁旁浙寺不予下葬，长达6年之久。大黑坨的反动人物亦有"凶死之匪，不可人老林"的毒言。

1933年4月23日，北京广大民众为李大钊举行公葬，将李大钊灵柩安葬在北京香山万安公墓。北京大学同事感李大钊之事迹，相与发起厚葬，纷纷捐款。李大钊高尚的道德情操也感动了国民党的一些派系要人，汪精卫、陈公博、戴季陶也纷纷捐款。李大钊的伟大人格，感动了千千万万的人，就连当时的反动报纸也不得不承认："李大钊胸怀无私，人格高尚。"

赵纫兰遵循地下党组织的指示，应北京大学校长蒋梦麟之约，带着李星华姐妹几人，来到北京，商谈李大钊安葬事宜。灵前一副"为革命而奋斗，为革命而牺牲，死固无恨；在压迫下生活，在压迫下呻吟，生者何堪"的挽联，概括了李大钊之死，民情之愤！

送殡的队伍里，有纸人纸马的执仗，有和尚道士，有杠房的吹鼓手，有吹打着洋鼓洋号的洋乐队，后面则是浩浩荡荡的游行队伍，人们循序前进。浩浩荡荡的送葬队伍犹如一条长龙，在口号声和喇叭声中缓缓步入了西单街口。路祭的人群摆放桌案，上供祭品，满斟醇酒洒祭英灵。队伍在前进之中不断扩大，当送殡队伍走到西四牌楼时，已经挤得水泄不通。

路祭之中，一位勇者跳上桌子，手捧祭文，当场发表了慷慨演说，他追述了烈士生前的英雄业绩和烈士遇难时的惨景。李乐光同志跳上桌子，高声呼喊："李大钊烈士精神不死！""共产党万岁"的口号响彻整个北京城，书写着标语口号的纸钱也洒满一路⋯⋯

忽然开来好几辆装满全副武装军警的卡车。匪徒们跳下车后，如狼似虎地扑向了人群，在宪兵头子蒋孝先的指挥下，向手无寸铁的群众开枪射击，追捕驱赶围观的群众。群众和敌人展开了英勇的斗争。讲演的同志在枪声中跌倒，许多同学当场被捕。坐在送殡车上的赵纫兰，害怕陪送出殡的白眉初夫人和黄裕培夫人危险，劝她们赶快离开现场，白、黄二位夫人坚决地说："纫兰，要死我们和你一块死！"

送殡的队伍被驱散了，路祭的现场被敌人践踏得狼藉不堪。经多方交涉，李大钊的灵柩才被允许抬到了万安公墓。

因为极度的精神创伤，赵纫兰在公葬完李大钊35天之后，于1933年5月28溘然辞世，终年49岁。那天，恰恰是农历癸酉年五月初五，中国人民的传统节日——端午节，民间祭奠屈原的日子。而她的名字恰恰出自屈原的名句，这可说是冥冥中的巧合。

家人将她与李大钊合葬于北京香山的万安公墓。下葬时，儿女们在她的灵柩前安放了一对花瓶。花瓶分别书有"鸟语"（李大钊是百灵）、"花香"四字。这无疑是献给这位伟大的妻子、杰出母亲、革命芳魂的最贴切、最质朴的祭品，也是对她默默无闻血泪一生的最崇高最钟情的礼赞。

李大钊牺牲后，党组织追认赵纫兰为中国共产党党员。纵观她的一生，乃是无愧于共产党员这一光荣称号的。

为纪念李大钊同志，发扬他伟大的共产主义革命精神，中共中央于1983年3月18日，将他和他的夫人赵纫兰同志的灵柩移葬于新建的李大钊烈士陵园。

中国共产主义运动的先驱、伟大的马克思主义者李大钊同志永垂不朽！

附录 李大钊生平年表

1889年10月29日，生于河北省乐亭县。

1907年，考入天津北洋法政专门学校。

1913年，毕业后东渡日本，入东京早稻田大学政治学本科学习。在日期间，曾参加反对袁世凯复辟、卖国的斗争。

1915年，日本帝国主义提出灭亡中国的"二十一条"，积极参加留日学生的抗议斗争，起草的通电《警告全国父老书》传遍全国，也因此成为"铁肩担道义，妙手著文章"的爱国志士。

1916年5月，回国任北京《晨钟报》主编。

1917年1月，任《甲寅》日刊编辑；在此期间，在《甲寅》《新青年》等刊物上发表了一系列宣传民主主义思想和社会进步的文章。

同年底，入北京大学任图书馆主任，并参与编辑《新青年》，先后任北京大学评议会评议员，政治、历史等系教授，积极参与新文化运动。俄国十月社会主义革命后，率先接受和传播马克思主义，先后发表《法俄革命之比较观》《庶民的胜利》等著名论文，和陈独秀等创办《每周评论》，积极领导了五四运动，并和以胡适为代表的改良主义作坚决斗争。

1920年春，和陈独秀开始酝酿筹建中国共产党。同年10月，在北京创建共产主义小组，11月小组改称中国共产党北京支部，任书记。中共一大后，成立中共北京地方委员会，任书记，负责领导北京和北方地区党的工作。

1922年8月，参加中共中央特别会议，赞成国共合作。

1923年6月，赴广州参加中共三大，被选为中央执行委员；会后，组建中共北京区执行委员会、北京地方执行委员会。

1924年1月，国民党一大在广州召开，被选为国民党中央执行委员，并负责国民党中央委员会北京执行部的工作。6月，作为中共代表团首席代表，赴苏联参加共产国际第五次代表大会；11月，离苏回国。

1925年1月，在中共四大上当选为中央执行委员。10月，分别组建中共北方区执行委员会（简称北方区委）和北京地方执行委员会，任北方区委书记。以李大钊为首的中共北方区委，积极组织和领导北方的革命运动，与冯玉祥国民军合作，开展推翻北京军阀政府的斗争，组织北方人民支援北伐战争。

1926年"三一八"惨案发生后，遭到段祺瑞政府的通缉，避入苏联驻北京大使馆兵营，继续坚持斗争。

1927年4月6日，奉系军阀张作霖派军警搜查苏联大使馆，李大钊等60余人被捕；28日在北京英勇就义，时年38岁。

（在本书写作过程中，衷心感谢大黑坨村94岁的李俊之老人；感谢年轻但又熟知"姑奶奶故事"的赵纫兰侄孙赵书明同志；感谢"李大钊纪念馆"老馆长杜全忠和馆员们的大力协助；感谢《李大钊年谱长编》所提供的翔实资料和在乐亭县巧遇的乡亲孟宪福以及乐于襄助笔者采访的乐亭文友们。）